Curso básico de
Teorias da Comunicação

Vera V. França
Paula G. Simões

Curso básico de Teorias da Comunicação

BIBLIOTECA UNIVERSITÁRIA   **autêntica**

Copyright © 2016 Vera V. França e Paula G. Simões
Copyright © 2016 Autêntica Editora

Todos os direitos reservados pela Autêntica Editora. Nenhuma parte desta publicação poderá ser reproduzida, seja por meios mecânicos, eletrônicos, seja via cópia xerográfica, sem a autorização prévia da Editora.

EDITORA RESPONSÁVEL
Rejane Dias

EDITORA ASSISTENTE
Cecília Martins

REVISÃO
Lívia Martins

CAPA
Alberto Bittencourt

DIAGRAMAÇÃO
Larissa Carvalho Mazzoni

Dados Internacionais de Catalogação na Publicação (CIP)
(Câmara Brasileira do Livro, SP, Brasil)

França, Vera V.
  Curso básico de Teorias da Comunicação / Vera V. França, Paula G. Simões. -- 1. ed. -- Belo Horizonte : Autêntica Editora, 2016. (Coleção Biblioteca Universitária)

  ISBN: 978-85-513-0173-9

  1. Comunicação 2. Comunicação - Estudo e ensino I. Simões, Paula G.. II. Título III. Série.

  17-01392   CDD-302.2

Índices para catálogo sistemático:
1. Teoria da comunicação 302.2

Belo Horizonte
Rua Carlos Turner, 420
Silveira . 31140-520
Belo Horizonte . MG
Tel.: (55 31) 3465 4500

www.grupoautentica.com.br

Rio de Janeiro
Rua Debret, 23, sala 401
Centro . 20030-080
Rio de Janeiro . RJ
Tel.: (55 21) 3179 1975

São Paulo
Av. Paulista, 2.073,
Conjunto Nacional, Horsa I
23º andar . Conj. 2301 .
Cerqueira César . 01311-940
São Paulo . SP
Tel.: (55 11) 3034 4468

SUMÁRIO

Introdução 07
Capítulo 1: O objeto da comunicação e a
comunicação nas ciências 19
   O objeto e o conhecimento 21
   O objeto da comunicação 25
   O surgimento e as dificuldades da teoria 28
   Panorama dos estudos da comunicação 34
   Ordenação dos estudos 40

Capítulo 2: O estudo da comunicação nos Estados
Unidos: a "Mass Communication Research" 45
   Origem, características 46
   Fundamentos teóricos 50
      A Teoria Funcionalista
      (ou o estrutural-funcionalismo) 50
      O behaviorismo ou comportamento condicionado 53
      A Teoria da Sociedade de Massa 54
   Funções da comunicação 56
   Efeitos da comunicação 61
      A teoria da "agulha hipodérmica"
      (a onipotência dos meios) 63
      As pesquisas experimentais:
      diversidade de estímulos e respostas 64
      Processos de influência e
      características socioculturais 67
   A teoria matemática e o paradigma informacional 71
   Desdobramentos da Mass Communication Research 78

Capítulo 3: A Escola de Chicago
e o Interacionismo Simbólico　　　　　　　　83
   A Escola de Chicago　　　　　　　　　　　83
   G. H. Mead e o Interacionismo Simbólico　　92
      O período pós-Mead: a leitura de Blumer　96
      A dramaturgia de E. Goffman　　　　103

Capítulo 4: O estudo da comunicação na Europa　109
   A Escola de Frankfurt e o conceito de
   indústria cultural　　　　　　　　　　　111
      O Instituto de Pesquisa Social de Frankfurt　111
      Um grupo de intelectuais　　　　　　116
      A Teoria Crítica　　　　　　　　　　118
      A indústria cultural　　　　　　　　121
      Limites dessa contribuição　　　　　130
   O estudo da comunicação na França　　　131
      Edgar Morin e a cultura de massa　　136
   Os Estudos Culturais Ingleses　　　　　　145
      Bases teóricas　　　　　　　　　　　149
      Alguns estudos, diferentes fases　　　152
      Codificação/Decodificação　　　　　156
      Sintetizando contribuições　　　　　161

Capítulo 5: O estudo da comunicação
na América Latina　　　　　　　　　　　163
   A influência norte-americana　　　　　　164
   Crítica ao imperialismo e iniciativas democráticas　166
      O Imperialismo Cultural　　　　　　168
      A comunicação horizontal　　　　　173
   Cultura popular e mediações　　　　　　179

Capítulo 6: A vertente tecnológica:
estudo dos meios　　　　　　　　　　　　187
   McLuhan: mago ou visionário?　　　　　189
   Walter Benjamin　　　　　　　　　　　195

Conclusão　　　　　　　　　　　　　　　201

Posfácio　　　　　　　　　　　　　　　　207

Referências　　　　　　　　　　　　　　211

Introdução

Este livro tem uma pequena história: é o resultado, um pouco tardio, de uma escritura intermitente que começou 15 anos atrás e de uma experiência que remonta ao início dos anos 1980, quando iniciei minha carreira docente. Ingressei na Universidade Federal de Minas Gerais (UFMG) em 1981, e, desde então, fui encarregada, entre outras disciplinas, de Fundamentos Científicos da Comunicação (FCC) depois nomeada Teorias da Comunicação. Eu havia feito mestrado na área de Comunicação para o Desenvolvimento (Comunicação Rural) e não estava exatamente preparada para ministrar um curso de Teorias; fui buscar referências e então me deparei com um dado da realidade da época: não existia um programa definido.

É bom lembrar que, naquele momento, a criação dos cursos de Comunicação tinha apenas dez anos, e a área era muito nova para todos. No caso de FCC, a identificação do campo teórico da comunicação era algo mais indefinido ainda. Não havia muita coincidência entre o que se ministrava em tais disciplinas nas diferentes instituições do país; na construção do programa, cada professor, de acordo com sua formação e preferências, fazia suas escolhas – e elas eram diversas. A ideia de "fundamentos científicos" em si mesma já indicava essa diversidade: essa nova área de estudos, de origem interdisciplinar, elencava fundamentos sociológicos, psicológicos, econômicos, filosóficos, até mesmo biológicos. Alguns professores montavam seus programas em torno das contribuições da sociologia funcionalista americana (e da chamada "teoria funcionalista da comunicação"); outros achavam por bem investir numa formação em teorias marxistas; outros ainda apostavam nas novidades teóricas (que não cessavam de aparecer). Sobretudo, não havia clareza sobre os eixos em torno dos quais se deveria elencar conteúdos e montar um programa.

Assim, minha experiência ao longo dos anos foi de tentativa e erro. Em alguns momentos, optei por estruturar a disciplina em torno dos polos da produção e recepção; outra alternativa, tentada por algum tempo, foi trabalhar com grandes temas, ou interfaces da comunicação (sociedade, cultura, poder). Mas o encadeamento era difícil, faltava coerência ao percurso e unidade ao todo – e uma formação não se constitui em mosaico. Uma área científica se constitui em torno de tradições; era preciso constituir a nossa.

Essa dificuldade que eu enfrentava era, certamente, compartilhada por outros professores da disciplina, e fomos muitos a ir alinhavando caminhos. Aos poucos, começou a se cristalizar a ideia de "escolas" – mesmo que não se caracterizassem exatamente como uma. Era preciso encontrar conjuntos mais ou menos articulados de teorias, que fornecessem aos alunos tanto a compreensão do que é uma abordagem (tratar um objeto comunicativo sob um determinado ângulo) como a possibilidade de utilizar este ou aquele conjunto na construção de leituras diferenciadas.

Dessa maneira, um programa de Teorias da Comunicação foi tomando forma; a partir da resposta dos alunos, fui mantendo os acertos (os pontos que se mostravam positivos), substituindo e melhorando outros. E cheguei a um programa que me pareceu satisfatório. Não quero dizer que ele foi inventado por mim, mas que, acompanhando a literatura da área e a contribuição de autores diversos, uma proposta foi sendo formatada ao longo das aulas e da seleção/apropriação de algumas teorias. Alguns anos mais tarde, senti que havia chegado a um conjunto adequado de conteúdos que conformavam um "curso básico de Teorias da Comunicação". Ele consistia basicamente nas chamadas escolas ou teorias "fundadoras", uma primeira aproximação de estudos e conceituações que possibilitassem a iniciação de nossos estudantes na área de Comunicação. Mas era exatamente isso que eu estivera buscando e que me parecia o conteúdo necessário para essa formação introdutória: um ponto de partida, uma "tradição", que se desdobra posteriormente em novos estudos e escolas.

No entanto, é bom esclarecer que, até aí, o que eu tinha em mãos era um roteiro de aulas; uma sequência de conteúdos e um esquema de discussão/apropriação de teorias e autores. Estávamos no início dos anos 2000; não havia ainda livros de Teorias da Comunicação disponíveis (ou, pelo menos, não totalmente acessíveis e/ou satisfatórios),[1] e fui sendo estimulada a escrever e a publicar esse curso. É nesse momento que tem início a parceria que culmina, tantos anos depois, em sua publicação. Em 2001, três alunos me acompanhavam como monitores da disciplina: Paula G. Simões, Ricardo F. Mendonça e Silvia Capanema. Naquele ano, eles gravaram e transcreveram as aulas, e rediscutiram o roteiro, no sentido de aprofundar/melhorar o conteúdo. Em cima desse material, comecei, aos poucos, a escrever os capítulos. A escrita foi intermitente, o trabalho avançou um pouco e depois foi deixado de lado; em meio a demandas diversas, a proposta de publicação do "curso" ficou pelo meio do caminho.

Os anos se passaram, Paula G. Simões se formou, fez pós-graduação, concurso para docente da UFMG e se tornou minha colega. Com sua chegada, e depois de quase 30 anos, deixei a disciplina de Teorias da Comunicação, que ela assumiu. Retomando a proposta, utilizando os capítulos já escritos, ela reacende a ideia de finalizar e publicar o material. E foi assim, com seu estímulo e parceria, que finalmente este livro veio à luz.

---

[1] A primeira edição em português de *Teorias da Comunicação de Massa*, de Mauro Wolf, saiu em 2003.

Hoje, essa proposta já não representa uma novidade; para qualquer estudioso da Comunicação em nossos dias, os conteúdos que um livro de Teorias da Comunicação deve apresentar são esperados e bastante consensuais. O nosso não difere tanto de outros que vieram sendo publicados. Nós, no entanto, sabemos que esse "consenso", esse acordo sobre quais são nossas teorias fundadoras, foi construído, e é resultado de um trabalho de experimentação e descobertas. Então, para mim, esta publicação tem sobretudo um valor simbólico: reflete meu investimento como professora dessa disciplina, e me atesta que o maior êxito de uma mestra é quando a ex-aluna se torna parceira e assume junto as rédeas da empreitada.

***

O sumário de um livro de Teorias da Comunicação hoje não apresenta grandes surpresas; no entanto, cada um reflete uma forma de trilhar o caminho e interpretar as escolhas. Reivindicamos, sim, uma certa particularidade para nosso trabalho, que é resultado da maturação que ocorreu ao longo de muitos anos, da discussão de muitos alunos. Trata-se de um percurso, acreditamos, bastante didático e capaz de promover de forma adequada a introdução de um iniciante nos estudos comunicacionais.

Esta proposta diz respeito aos primeiros estudos e escolas, desenvolvidos até por volta dos anos 1970 (se estendendo um pouco mais, no caso dos estudos na América Latina). O livro está organizado em seis capítulos, que apresentamos a seguir.

Iniciamos nosso curso com uma discussão mais geral sobre o panorama de estudos sobre a Comunicação (cap. 1); quando e por que essa temática – a comunicação – começa a se destacar e a se constituir como um domínio próprio; as dificuldades enfrentadas nesse percurso; a maneira como podemos organizar e visualizar este quadro. Nessa unidade introdutória, buscamos sobretudo justificar a importância de seu estudo. Teorias da Comunicação é, em nossa grade curricular, uma disciplina obrigatória, mas por vezes os alunos questionaram: para que servem essas teorias, muitas delas, inclusive, já amplamente questionadas e ultrapassadas? A sensibilização para o conhecimento deve ultrapassar qualquer visada utilitarista: "servir", elas não servem para nada. Não conhecemos "para", conhecemos "por". Quem muda, com o conhecimento, é aquele que conhece. Conhecer é exercitar uma postura frente ao mundo; é nos colocarmos como sujeitos, é adentrarmos e nos "apropriarmos" do conhecido, alterando nossa própria posição no mundo. Assim, não se trata de uma relação de causalidade: conhecer para fazer alguma coisa, para alcançar algum efeito. Conhecemos por uma razão, e em vista de uma consequência: o conhecimento transforma nossa própria natureza, e nos coloca em diálogo com o conhecido. As Teorias da Comunicação compreendem diversas tentativas e propostas de analisar o que tem sido a prática da comunicação na sociedade e na vida das pessoas. Apreender essas propostas, para o futuro profissional da comunicação, é sobretudo compreender melhor o alcance do que fará, seu papel e as consequências de sua atuação frente àqueles para os quais irá dirigir sua ação.

Nesta discussão, é fundamental inclusive esclarecer uma confusão (e um equívoco) frequente quanto ao "objeto da Comunicação". Vivemos em um mundo de objetos animados e inanimados: casas, carros, pessoas, animais, eletrodomésticos, árvores. Mas objeto não significa apenas alguma coisa que existe concretamente à nossa frente (a que chamamos "objeto empírico"): significa também alguma coisa que está ou que colocamos fora de nós, objetivamos à nossa frente (num sentido metafórico) e para a qual dirigimos o nosso olhar. O objeto de conhecimento de uma determinada ciência não se confunde com os objetos empíricos do mundo, mas diz de uma maneira de olhar para eles, de ver como se inscrevem junto a outros, de apreender a dinâmica dentro da qual eles se situam. A ciência visa exatamente a "conhecer" aquilo que, à primeira vista, não se dá a ver. Assim, a Sociologia, por exemplo, visa a apreender como indivíduos, se relacionando, constituem uma sociedade (a sociedade não existe "concretamente", é uma abstração; nós é que entendemos e nomeamos assim a vida comum de uma coletividade). Pois bem, é fundamental que nossos alunos compreendam que a Comunicação não é um jornal na sua existência empírica (enquanto marcas de tinta em um papel, ou sinais luminosos em uma tela) –, mas aquilo que se realiza entre essa empiria, o investimento do qual ela resulta, a maneira como ela vai circular e ser apreendida no investimento seguinte de ser acolhida por outros. Assim, este é o equívoco que é preciso dirimir – a confusão entre objeto empírico e objeto de conhecimento: entender que nosso objeto, quando vamos estudar a comunicação, não se refere a coisas empíricas, mas a uma dinâmica. Nosso objeto de estudo é identificar/compreender processos comunicativos.

Após este capítulo introdutório, apresentamos os estudos num recorte por escolas e regiões. Iniciamos com os estudos norte-americanos (caps. 2 e 3), respectivamente as teorias comunicacionais que se desenvolvem sob a égide da sociologia funcionalista (a chamada Mass Communication Research) e do pragmatismo sociológico (interacionismo simbólico). Nesta apresentação, promovemos uma inversão temporal que é necessário explicar.

As pesquisas conduzidas sobretudo por Paul Lazarsfeld e colegas na Universidade de Colúmbia, entre meados dos anos 1930 e a década de 1950, em torno dos efeitos dos novos meios de comunicação de massa, têm sido convencionalmente tratadas como estudos inaugurais (Lazarsfeld e outros três pesquisadores são inclusive chamados de "pais fundadores" da pesquisa em Comunicação). Esses estudos repercutiram na Europa, na América Latina, sobretudo a partir dos anos 1960, e consagraram o início de uma nova área de pesquisa (no princípio, ainda de caráter claramente interdisciplinar). A ênfase da abordagem desenvolvida por esses pesquisadores, dentro da perspectiva da sociologia estrutural-funcionalista, como dito anteriormente, foi na perspectiva das funções e efeitos da comunicação (funções cumpridas pela comunicação na sociedade; efeitos provocados pela ação dos meios de comunicação de massa). Tais estudos foram também decisivos na consagração de uma determinada concepção do processo comunicativo, que era entendido como da ordem da transmissão: comunicação é o envio de uma mensagem de um emissor até um receptor, com a intenção de provocar algum efeito (concepção esta batizada com o nome de modelo transmissivo, ou matemático – como será explicado adiante).

A influência dessa escola americana foi muito forte no desenvolvimento dos estudos comunicacionais em vários outros países. Porém, a partir dos anos 1970-1980, sofreu várias críticas, e novas perspectivas foram buscadas. É nesse momento, já por volta do final do século XX, que houve uma redescoberta dos estudos sociológicos desenvolvidos pela Escola de Chicago no início do século (1900-1930) e de uma tradição que ficou conhecida pelo nome de Interacionismo Simbólico.[2] Embora de caráter mais sociológico, viu-se que os estudos promovidos pelos autores de Chicago poderiam ter (e passaram a ter) um desdobramento promissor na análise da comunicação, seja na comunicação face a face ou na comunicação através dos diferentes meios. Houve assim o resgate dessa tradição e sua inserção nos programas de Teorias da Comunicação em nosso país.[3] Dessa maneira, embora cronologicamente anterior à Mass Communication Research, a Escola de Chicago entra depois no campo dos estudos comunicacionais.

Essa é a razão da ordenação dos capítulos 2 e 3; a perspectiva de Chicago aparece, então, posteriormente e inclusive como uma alternativa e a serviço da crítica aos limites epistemológicos da escola funcionalista. A grande contribuição que sua herança traz aos estudos comunicacionais é sobretudo o conceito de interação, que substitui a linearidade do modelo transmissivo. O conceito de interação simbólica foi trazido por G. H. Mead e desenvolvido por um discípulo, H. Blumer, que cunhou também o nome de interacionismo simbólico. E. Goffman, que estudou

---

[2] A legitimidade do interacionismo simbólico (segundo a leitura de Blumer) como representante dessa tradição tem sido questionada em nossos dias. De toda maneira, ele circula como uma referência para a herança do pragmatismo social ensinado por autores ligados à Escola de Chicago naquela época.

[3] Introduzi este tópico em meu programa de Teorias da Comunicação já por volta do ano 2000.

em Chicago, estende bastante a abordagem interacional e traz uma importante contribuição no tratamento da dinâmica que ocorre no espaço da representação frente ao outro: o controle da minha expressão emitida; a observação da leitura e das expectativas do outro.

O capítulo 4 faz um apanhado de três contribuições significativas no continente europeu. Talvez fosse justo tratar cada uma delas em um capítulo à parte; nossa entrada em cada uma delas, no entanto, é limitada – e aqui também temos uma justificativa. A Escola de Frankfurt (Teoria Crítica) não é uma "escola" de comunicação, mas uma teoria filosófica, tratando da cultura e das ideias na sociedade moderna. Em sua vasta e profunda crítica da ideologia da sociedade industrial avançada, Adorno e Horkheimer se detiveram particularmente no papel dos meios de massa e criaram o conceito de indústria cultural. Esse conceito (e o que ele encerra) valeu como uma escola, estimulando e dando origem a uma importante vertente de crítica da comunicação. Então, não fizemos aqui uma revisão da Escola de Frankfurt, mas uma breve identificação de sua proposta e uma exploração do referido conceito. Nos limitamos à primeira geração da Escola; gerações subsequentes, com a significativa contribuição de J. Habermas, particularmente, integrariam uma segunda parte desta proposta de curso (um novo livro), incluindo as teorias mais contemporâneas que instruem o campo da Comunicação.

A França não desenvolveu uma "escola de comunicação". Recuperando-se da guerra e da ocupação, quase inicia uma, em 1961, com a criação de um Centro de Pesquisa em Comunicação de Massa, reunindo nomes como Roland Barthes, Edgar Morin, entre outros. Porém, a perspectiva comunicacional foi logo desestimulada, e até quase o final do século XX a pesquisa cultural não deu muita importância à comunicação e aos produtos culturais midiáticos. Ainda assim, na década de 1960, houve o aparecimento de obras significativas. Entre tais contribuições, achamos por bem resgatar a reflexão de Edgar Morin em torno da cultura de massa; embora essa temática não tenha alcançado desdobramentos posteriores na trajetória do autor, foi suficientemente significativa e preserva sua atualidade até nossos dias, justificando nossa escolha. Para Edgar Morin, a cultura de massa se constrói e adquire sua particularidade na dialética produção *vs.* consumo, marcada pela contradição dinâmica entre padronização e inovação.

Não incluímos um capítulo sobre a Itália, embora se justificasse um resgate da importante contribuição de Umberto Eco. Sua produção, que se inicia nos anos 1960 e se estende até o final do século XX, inscreve-se mais propriamente no terreno da Semiologia; entendemos que o significativo aporte da Semiologia, Semiótica e demais tradições no campo das teorias da Linguagem constituem um "curso" à parte.[4] Assim como não estendemos aqui as referências a Barthes, fica também a lacuna referente aos trabalhos de Eco.

Fechamos o capítulo sobre os estudos comunicacionais na Europa com os Estudos Culturais Britânicos. Esta é uma linhagem de estudos ainda contemporânea e altamente referenciada em nossos dias. Ela tem início no período abrangido por nosso estudo (anos 1960-1970) e é bastante significativa em nosso percurso, pois marca um novo momento na análise da relação mídia e cultura. A vertente cultural constitui a temática central dos estudos europeus que tratam da comunicação. Com a Escola de Frankfurt e o conceito de indústria cultural, enveredamos em uma perspectiva de crítica e denúncia da ação nefasta dos meios de comunicação e sua ação corrosiva à "verdadeira" cultura. Com Edgar Morin, na França, a cultura de massa é tratada como cultura e marcada por sua ambivalência. São, assim, os Estudos Culturais que trazem definitivamente o espaço da mídia como instância central de produção cultural na contemporaneidade. Seus autores fundadores inscrevem a cultura no espaço da experiência, atravessando e sendo atravessada pelas diferentes

---

[4] No currículo de nosso curso de graduação em Comunicação, na UFMG, existe a disciplina Introdução aos Estudos da Linguagem, ministrada em um semestre anterior à disciplina de Teorias da Comunicação.

práticas sociais, e inúmeros estudos desenvolvidos no âmbito dessa perspectiva indicam como os produtos culturais refletem e retornam para seu contexto social mais amplo. Stuart Hall retoma em outras bases a relação entre produção e consumo (codificação e decodificação), instalando de forma irreversível o lugar ativo do receptor.

Feito esse percurso, chegamos à América Latina (cap. 5), buscando mapear não apenas as influências sofridas, mas sobretudo as apropriações e contribuições de nosso continente aos estudos comunicacionais. As pesquisas têm início na segunda metade do século XX, sob a égide da escola funcionalista americana, mas é nos anos seguintes (a partir de 1970) que podemos falar de uma vertente própria. Naquela década, teve início um movimento de rejeição e crítica tanto das teorias como da presença dos produtos culturais americanos. Dois movimentos teóricos se desenharam então: o primeiro em torno da denúncia do imperialismo cultural exercido pelos americanos, através de sua mídia e de suas teorias. Um segundo movimento se dirige à formulação da proposta de uma nova comunicação, em bases democráticas e horizontais (uma comunicação dialógica, contrapondo-se ao modelo vertical e diretivo da mídia hegemônica).

Essa fase, que podemos chamar de primeira escola latino-americana, de fundamentos claramente políticos, dura até início dos anos 1980. No período subsequente, uma nova tendência de ênfase cultural e histórica ganha corpo. Essa segunda escola (também identificada como "estudos culturais latino-americanos") ainda está em curso, e acentua sobretudo a dinâmica de hibridação cultural, as diferentes mediações que atravessam a relação entre a sociedade e sua mídia.

Vale ressaltar que não incluímos, neste livro, um capítulo sobre os estudos brasileiros. Em que pese a existência de algumas iniciativas e alguns autores que se destacaram no século passado, é sobretudo na passagem para o século XXI que assistimos a um forte incremento da produção brasileira. A discussão sobre a formação de possíveis "escolas", a identificação de teorias e contribuições inovadoras trazidas pela pesquisa sobre a comunicação no Brasil seriam objeto de uma outra obra.

Concluindo nosso (per)curso, um último capítulo (cap. 6) se dedica não a uma outra escola ou região, mas a uma temática que, no período examinado, teve pequena expressão: trata-se dos estudos sobre a técnica (tecnologias comunicacionais). Essa temática, que se encontra entre as mais discutidas em nossa atualidade, teve pouco destaque nas décadas e estudos anteriores. Não obstante, é necessário resgatar um autor e uma reflexão de vanguarda nos anos 1960 – McLuhan e suas teses sobre a importância do meio ("o meio é a mensagem") –, e uma obra clássica de um filósofo próximo à Escola de Frankfurt, a saber, Walter Benjamin e seu texto *A obra de arte na época de suas técnicas de reprodução*. Por caminhos e estilos completamente diferentes, um e outro anteciparam a força dos meios na configuração das relações e de nossa própria sensibilidade.

Não chegamos a uma conclusão ou fechamento, pois não caberia em tal proposta. Ao final, buscamos apenas alinhavar os diferentes campos teóricos desenhados por estudos, autores e escolas que, ao longo de mais ou menos 50 anos, fincaram as bases para a construção de uma nova área de estudos. Um pequeno elenco de teorias e conceitos apontam para novas possibilidades, que serão exploradas pelas correntes surgidas entre as últimas décadas do século XX e os primeiros anos do século XXI. O percurso também destacou a necessidade de mudança na própria concepção (ou paradigma) da comunicação. Comunicar, afinal, compreende o quê?

Vera V. França
Julho de 2015

CAPÍTULO 1

O objeto da comunicação e a comunicação nas ciências

O estudo da comunicação inicia com uma reflexão sobre seu próprio objeto: o que é, afinal, comunicação? A comunicação tem uma existência real, é um fato concreto de nosso cotidiano. Ela não apenas compreende as múltiplas ações através das quais criamos relações, desenvolvemos atividades e vivemos o nosso dia a dia – nós damos bom-dia, fazemos cara feia para alguém, lemos as placas de trânsito, perguntamos o preço do pão –, mas significa também uma dimensão institucionalizada, tecnicizada e altamente profissional que permeia igualmente a vida cotidiana e faz parte de nossos mecanismos de sobrevivência. O jornal diário, a televisão, o rádio, a internet se incorporaram naturalmente em nossas casas e nossas vidas, assim como o *outdoor* já faz parte do cenário da cidade e as imagens de filmes fazem parte de nossas memórias.

Essa comunicação – dimensão sensível, concreta, material da realidade social – suscita dois tipos de conhecimento. O primeiro deles poderíamos chamar de conhecimento prático ou operacional. A comunicação é do domínio do *fazer*: é ação humana, intervenção especializada dos indivíduos no mundo. Enquanto fazer, supõe e aciona um *saber-fazer*: o trabalho com a comunicação supõe o domínio de técnicas e operações;

a familiaridade com suas linguagens, o desenvolvimento de certas atitudes, como a criatividade, o senso crítico, a capacidade de organização e de síntese.

Podemos, no entanto, também falar de um outro conhecimento, igualmente necessário, que vai além do conhecimento operacional, que complementa o saber-fazer, e constitui um *saber sobre o fazer*, sobre os "fazeres" e sobre os "feitos". Trata-se de um conhecimento mais global, que vem indagar sobre o alcance e o significado das próprias práticas comunicativas, sobre a intervenção e a criação dos indivíduos no terreno das imagens e dos sentidos, sobre a produção das representações e dos mundos imaginais. Existindo enquanto fenômeno particular, prática social que veio reconfigurar o perfil e a dinâmica da sociedade contemporânea, a comunicação moderna vem sendo objeto de uma reflexão acadêmica que busca compreender, explicar e por vezes dominar o fenômeno comunicativo.

O resultado desse trabalho de reflexão sobre a comunicação – o somatório de estudos e pesquisas bastante diversificados, de um processo de conhecimento nem sempre cumulativo, mas cada vez mais abrangente e volumoso – é o que chamamos Teoria ou Teorias da Comunicação. Há controvérsias quanto a nomeá-la como uma "nova ciência", tanto pelo caráter ainda pouco sistematizado desses resultados como em razão de mudanças no próprio panorama científico contemporâneo, marcado pelo trânsito e pela diluição de fronteiras mesmo entre as ciências já consolidadas. Tem se mostrado mais conveniente nomeá-los "campo de conhecimento", para indicar a natureza recente dos estudos sobre a comunicação, marcados por dificuldades e limitações. Unificado fragilmente em torno de seu objeto – um objeto complexo, como discutiremos a seguir – e padecendo dos problemas de uma área em formação, o campo da Comunicação se debate ainda com a questão de sua identidade e sua legitimação – mas se apresenta como um terreno profícuo e instigador, ao colocar como desafio a construção de um outro (e novo) olhar sobre a vida social.

Tanto quanto o saber operacional, também este conhecimento orienta e instrumenta a intervenção do profissional da área;

ele constitui uma ferramenta teórica para compreender o alcance e a natureza de sua prática, perceber os fios invisíveis que vão entrelaçá-la a tantas outras dimensões da vida humana e social.

O objeto e o conhecimento

Iniciando nossa discussão, é importante refletir sobre o próprio processo de conhecimento. Conhecer é atividade especificamente humana. Ultrapassa o mero "dar-se conta de" e significa a apreensão, a interpretação. Conhecer supõe a) a presença de sujeitos, b) um objeto ou um problema que suscita sua atenção compreensiva, c) o uso de instrumentos de apreensão, d) um trabalho de debruçar-se sobre. Como fruto desse trabalho, cria-se uma representação do conhecido, que já não é mais o objeto inicial, mas uma construção do sujeito e o resultado da relação que se estabelece entre este sujeito e o objeto.[1] O conhecimento produz, assim, modelos de apreensão, que, por sua vez, vão instruir conhecimentos futuros – de tal maneira que é possível perceber, no ato de conhecimento, a tensão entre objeto empírico (o objeto que se dá a ver, se mostra de determinada maneira) e modelo de apreensão (as referências do sujeito que constroem uma forma de leitura). Trata-se do cruzamento de duas dinâmicas opostas, que poderíamos representar através de duas atitudes básicas: a abertura para o mundo; a organização ou o enquadramento do mundo. Conhecer significa voltar-se para a realidade e "deixar falar" o nosso objeto; mas conhecer significa também apreender o mundo através de esquemas já conhecidos, identificar no novo a permanência de algo já existente ou reconhecível. O predomínio de uma ou outra dessas tendências tem efeitos negativos, portanto, é através de seu equilíbrio que se pode alcançar o conhecimento ao mesmo tempo atento ao novo e enriquecido pelas experiências cognitivas anteriores.

---

[1] Pensemos, por exemplo, no sol ou na lua, que foram tratados e apreendidos de forma distinta em outras épocas, constituindo assim "objetos" diferentes de acordo com o conhecimento disponível e a representação construída.

Naturalmente, não existe uma única forma e um só caminho para o conhecimento. Nós conhecemos, antes de tudo, como resultado de nossa experiência: nosso estar no mundo, nossa ação no mundo conduz a compreensão que temos dele. É o chamado conhecimento prático ou empírico. Conhecemos também através de vários processos mediadores, tais como o acesso a informações, a fruição artística, experiências místicas ou espirituais.[2] Viajantes que chegam e nos falam de outros mundos, obras de arte que criam representações – e nos fazem olhar de forma diferente para a vida – são mediações que nos estimulam e possibilitam o conhecimento.

Entre essas várias formas, nós conhecemos ainda através de um trabalho sistemático de pesquisa e estudo, com a utilização de métodos específicos. A essa última forma de conhecimento, chamamos *conhecimento científico*.

No caso da prática comunicativa, componente básico da vida social, experiência permanente do sujeito, o conhecimento da comunicação começa nos primeiros dias de vida. Aprendemos as formas comunicativas de nossa cultura, aprendemos a nos comunicar, reconhecemos os modelos comunicativos com os quais nos defrontamos. A exposição e o uso permanente dos meios de comunicação fazem deles práticas e objetos familiares, amplamente conhecidos pelos membros da sociedade. Falamos deles, de seus conteúdos, do desempenho dos personagens que os habitam; dominamos, em certa medida, seu funcionamento; dirigimo-lhes críticas. Trata-se aí um conhecimento vivo, intuitivo, espontâneo – e que apresenta uma grande riqueza em função de seu enraizamento no terreno da experiência e de sua sintonia com o nosso viver cotidiano, com as indagações, problemas e desejos que povoam a vida do dia a dia. É o que chamamos *senso comum*.

Esse conhecimento, no entanto, e na medida mesmo de sua natureza assistemática e operacional, apresenta limites que

---

[2] O apóstolo Paulo, no caminho de Damasco, vive uma experiência mística e uma forma de revelação que levam à sua conversão: ele "conhece" Cristo e a mensagem cristã (Atos 9.3-9).

o conhecimento científico procura ultrapassar, através da criação e do uso de instrumentos adequados (métodos e técnicas de pesquisa, categorias analíticas) e de uma prática cuidadosa e disciplinadora. Digamos que as formas intuitivas de apreensão, o senso comum, constroem o conhecimento possível, imediato; o conhecimento necessário em face das situações vividas, conjugando aspectos de experiências anteriores e a criatividade ativada pelo novo. A ciência, menos imediata e procurando tomar certa distância do vivido, estaria comprometida com a busca permanente do conhecimento objetivo, fidedigno, aprofundado e sistemático da realidade.

Ao registrar a busca do conhecimento objetivo, não podemos, entretanto, esquecer que a ciência é um fenômeno social e histórico, sujeito a condicionamentos e influências, passível de parcialidade e de erros. Lembremos que a ideologia – sistemas constituídos de ideias que refletem uma dada situação social e atuam para a sua preservação – é também uma forma de conhecimento. E a ciência com frequência é atravessada por formas ideológicas, isto é, pelo viés dos interesses, da preservação ou da conquista de posições de poder. Os campos de conhecimento não são imunes uns aos outros; a ciência, por vezes, não ultrapassa o senso comum; outras vezes, peca pelo inverso e se afasta em demasia do conhecimento vivo e intuitivo do dia a dia, cortando seus laços com a realidade e isolando-se num lugar enrijecido.

Em resumo, a ciência não é infalível nem pode ostentar uma arrogante superioridade com relação a outras formas de conhecimento. Mas, na medida em que se atém a seus objetivos e mantém uma permanente autocrítica de seus métodos e de seus resultados, expondo-se permanentemente ao crivo de sua validade, constitui, sem dúvida, um caminho essencial para uma maior compreensão da realidade – ponto de partida e de retorno de toda reflexão.

Essa vinculação com a realidade não é e não pode ser uma retórica vazia na discussão sobre o conhecimento. Vinculada às outras formas de conhecimento, a ciência pretende alcançar um maior refinamento, um maior alcance. Cada forma de conhecimento atende a certo tipo de objetivo: sobreviver, viver bem, sentir prazer, melhorar nossa posição, num processo em que o conhecimento é apenas fator subsidiário ou decorrente. A ciência, comprometida também com a melhor qualidade da vida no mundo, tem como objetivo primeiro o próprio conhecimento: ela existe para criar conhecimento. O que não significa, é bom realçar, tomar o conhecimento como um valor em si, ou para si, num processo de isolamento e autoalimentação. O conhecimento desenvolvido pela ciência é estimulado pela realidade e volta para ela – mas à condição tanto de estabelecer proximidade quanto de saber guardar afastamento.

Dito de outra maneira, poderíamos indicar um duplo movimento na relação entre a ciência e a prática, isto é, entre a ciência e o campo do fazer, a realidade sensível. O primeiro movimento, seu ato fundador, é justamente a estreita vinculação com o mundo. Uma teoria sem prática é pura abstração. Só a prática é fundadora – é ela que problematiza, instiga, coloca questões. O ser humano teoriza não apenas porque pensa, mas porque sente, age, se relaciona.

Mas a ação no mundo separada da teoria é ação animalizada e não humana. Segundo movimento é o de autonomia. Não cabe à teoria reproduzir ou descrever o mundo, mas produzir reflexões sobre o mundo. Conhecer não é apenas reconhecer a prática, mas antecipá-la, revesti-la de sentidos, projetá-la, isto é, abrir o ato para seu significado cultural.

É com esse movimento que o conhecimento começa e termina na prática; afasta-se e retorna ao que negou, afirmando-o dentro de uma nova forma de existência e significação.

E na comunicação, como se dá esse movimento? Se os indivíduos sempre se comunicaram – e comunicar-se constitui uma ação natural, naturalizada, inerente à vida social –, foi exatamente a complexificação das práticas comunicativas, o desenvolvimento das técnicas, a invenção de novas formas e o alcance cada vez maior dos novos meios que veio suscitar a reflexão, colocar novas perguntas e fomentar a demanda de conhecer melhor a comunicação. O desenvolvimento da prática ativa a necessidade de conhecimento e estimula a pesquisa; os estudos empreendidos retornam sob a forma de saberes que incidem e reorientam as práticas, estabelecendo-se entre a reflexão e as práticas uma circularidade. É essa dinâmica que explica a eclosão dos estudos e o surgimento das novas teorias no momento mesmo em que novos meios de comunicação de massa – a imprensa de grande tiragem, a rádio, a TV – ingressam e mudam definitivamente o cenário do século XX.

O objeto da comunicação

Podemos dizer, de forma sucinta, que a Teoria da Comunicação compreende o somatório e o resultado das muitas tentativas de conhecer a comunicação. Mas a comunicação é o quê, finalmente? Uma ciência ou campo de conhecimento se define, antes de tudo, pelo recorte e especificidade de seu objeto. A sociologia se debruça sobre o conhecimento da sociedade; a psicologia se volta para o psiquismo e o comportamento individual; o objeto da comunicação, qual é?

A resposta mais imediata a essa questão aponta para um objeto empírico[3] de bastante evidência e aparente objetividade, que são os meios de comunicação. Essa resposta simples, no entanto, traz algumas dificuldades. A primeira delas é a própria profusão e a diversidade em que o objeto se desdobra. O universo dos meios de comunicação abrange práticas que vão do jornal diário às telenovelas; das campanhas publicitárias aos programas de auditório. Qual o traço unificador entre essas diferentes formas que permite agrupá-las sob a mesma rubrica? O que é que as torna "práticas comunicativas"? Seria o uso de meios tecnológicos? Esse pode ser, sem dúvida, um denominador comum, mas não resolve totalmente o problema quando perguntamos, a

---

[3] Os objetos empíricos se referem ao domínio da experiência, à ordem da realidade sensível: são os objetos, práticas, acontecimentos que têm uma existência concreta no mundo, que apreendemos através de nossos sentidos, que fazem parte de nossa vivência.

partir daí, o que deve ser estudado (conhecido). Tomemos como exemplo um meio específico, como a TV, e recortemos um determinado gênero, como a telenovela. Estudá-la enquanto prática comunicativa implica formular que tipo de questão, recortar quais aspectos: as características técnicas do meio? A linguagem televisiva? Os valores que estruturam a trama? A audiência da novela, seus reflexos na/da sociedade? A dimensão financeira de que ela se reveste, os investimentos, o esquema publicitário, o planejamento de marketing? Além da profusão de questões possíveis, deve-se registrar também que os meios de comunicação, em grande medida, se tornam também, enquanto empiria, um objeto estudado também por outras disciplinas, como a sociologia, a linguística, a psicologia, a economia. Assim, o que torna este – meios tecnológicos de comunicação – o objeto que define o campo de estudo da comunicação?

Tal recorte traz ainda outro problema quando exclui ou estabelece uma separação entre as práticas comunicativas midiáticas, realizadas através dos meios, e outras, baseadas no contato interpessoal, direto – que são igualmente comunicação e se realizam de forma por vezes bastante imbricada e complementar às primeiras. Das conversas pessoais ao uso de símbolos, emblemas e ornamentações do corpo, que dizem de nossa identidade e pertencimento a grupos específicos, passando pelas práticas grupais, concentrações e passeatas, inúmeras são as ações que identificamos como comunicativas.

Em síntese, a resposta não é tão simples assim. Identificar a mídia como objeto de estudo da comunicação traz alguns embaraços (não traduz claramente a natureza dos estudos, exclui outras práticas), porque esta resposta está assentada num caminho errado: os objetos de conhecimento não correspondem exatamente às coisas do mundo, mas significam antes formas de identificá-las, de falar delas, de conhecê-las. Um objeto de estudo tem uma natureza de representação, é uma "construção conceitual" que nos permite apreender de uma determinada maneira e não de outra os objetos empíricos que nos cercam, os aspectos concretos, tangíveis de nossa realidade.

Por esse caminho, entendemos que o objeto de estudo da comunicação é exatamente a comunicação: uma concepção, uma forma de ver, perceber e enquadrar uma ação qualquer enfocando e resgatando sua dimensão comunicacional. Trata-se de um modelo através do qual podemos ler um dado fenômeno, por exemplo, um programa televisivo, um comício, uma conversa, enquanto *prática comunicativa*, troca simbólica que envolve vários elementos.

A analogia com outros campos científicos pode tornar mais clara essa questão. Tomemos o caso da economia, por exemplo. Não tem sentido dizer que o objeto de estudo da economia são as fábricas, os bancos ou a bolsa de valores. A economia estuda as práticas econômicas, os modos de produção – dentro dos quais as fábricas, os bancos, os indivíduos que executam tarefas são vistos de determinada forma, desempenhando certo papel. Pensemos na sociologia, que é o estudo da sociedade: "sociedade" é um conceito, uma abstração. Somente municiados com ele podemos olhar para um coletivo de indivíduos e dizer que se trata de uma sociedade; podemos olhar para determinadas práticas e entendê-las enquanto instituições cumprindo uma função ordenadora na convivência de uma população.

Uma disciplina científica, uma ciência específica, se caracteriza pelo recorte próprio que consegue estabelecer na totalidade da vida social. A realidade é e se apresenta para nós enquanto totalidade, inteireza; é o trabalho de conhecimento que seleciona, separa e reagrupa os diferentes aspectos desse todo. As várias disciplinas compreendem olhares próprios, recortes de conhecimento. A Comunicação, enquanto campo de estudo, apresenta-se como proposta de um novo caminho para conhecer e tratar os fenômenos sociais. Neste sentido, e em princípio, a análise comunicativa, isto é, o viés analítico comunicacional, pode se debruçar sobre múltiplos objetos: a comunicação amorosa entre duas pessoas, as práticas comunicativas de uma tribo urbana, a Rede Globo, um fórum na internet. O que distingue a especificidade de um estudo sobre qualquer um desses temas não é o objeto em si, sua empiria, mas a maneira como vai ser tomado e analisado. Os meios de comunicação podem ser analisados sob um viés psicológico, cultural, econômico... ou comunicativo. O que significa dizer, neste último caso: enquanto processo comunicativo, processo de produção e circulação de sentido entre duas ou mais pessoas; atividade de troca simbólica através da produção de material discursivo em certo contexto.

O processo comunicativo compreende vários elementos: os interlocutores (a presença correferenciada de um e do outro); uma materialidade simbólica (a produção discursiva); a situação discursiva (o contexto imediato; sua inserção numa estrutura sócio-histórica particular). A relação que se estabelece entre esses elementos é móvel e diversificada. O objetivo da análise comunicativa é justamente captar o desenho dessas relações; o posicionamento dos sujeitos interlocutores; a criação das formas simbólicas; a dinâmica de produção de sentidos. O que, sem dúvida, é contribuição ímpar para o conhecimento de nossa realidade contemporânea.

Isto dito, aí, sim, podemos retornar e enfatizar os meios de comunicação, a comunicação midiática, enquanto empiria privilegiada dos estudos de comunicação. Guardada a distinção entre objeto de conhecimento e objeto empírico, podemos finalmente dizer que o objeto empírico das Teorias da Comunicação é a comunicação humana de uma maneira geral, e a comunicação midiática de forma particular. Como extensão da matriz interpessoal de comunicação, e ganhando uma identidade própria, é a comunicação pública, institucionalizada, produzida e veiculada através de meios técnicos de difusão o fenômeno novo que, no limiar do século XX, revolucionou a vida social e provocou a reflexão dos meios acadêmicos. É essa nova realidade que estudiosos oriundos de diversas áreas científicas têm procurado identificar e conhecer; é ela que tem motivado a edificação de uma nova área de conhecimento e teorias que chamamos "da Comunicação".

O surgimento e as dificuldades da teoria

Resumindo nosso percurso, podemos dizer que em torno da comunicação, e com o objetivo de conhecê-la e administrá-la, são desenvolvidos inúmeros estudos e novas teorias. Uma teoria é um sistema de enunciados, um corpo organizado de ideias sobre a realidade ou sobre certo aspecto da realidade. Etimologicamente, "teoria" significa contemplação, exame, abstração intelectual;[4] é o resultado do duplo movimento apontado anteriormente, de vinculação com a realidade e autonomia da reflexão.

Não é apenas o conhecimento científico que produz teorias; conforme também já realçado, nossa convivência e nosso desempenho no terreno da comunicação promovem um grande estoque de conhecimentos sobre ela, mais ou menos sistematizados. Mas ao lado desse conhecimento espontâneo, no entanto, um outro esforço compreensivo vem sendo desenvolvido no campo da ciência, através do desenvolvimento de inúmeros estudos sobre os meios de comunicação e a realidade comunicativa. A teoria ou as teorias da comunicação são o resultado e a sistematização dessas muitas e distintas iniciativas, com pretensão científica, de conhecer a comunicação.

A trajetória desses esforços não tem sido isenta de obstáculos; esse campo de estudo vem sendo atravessado desde o início por uma série de tensões, contradições e dificuldades, decorrentes da natureza de seu objeto, da relação por vezes conflituosa que se estabelece entre o campo da teoria e o campo da prática, ou de ordem propriamente teórica (na acomodação dos diferentes tratamentos conceituais e na construção de seus próprios referenciais).

a) A primeira dificuldade diz respeito à natureza de seu objeto, à extensão e diversidade da dimensão empírica recoberta pela comunicação, à extrema variedade dos fatos e práticas que constituem seu objeto. Ela agrega as inúmeras atividades profissionais: o jornalismo, a publicidade, as relações públicas; inclui atividades sociais de naturezas distintas (como as conversas do dia a dia, os jogos e distrações); se realiza através de diferentes veículos, como o meio impresso, a televisão, a internet;

---

[4] Do grego *theôrein*, observar; do latim *theōria*, especulação.

desenvolve múltiplas linguagens (a linguagem televisiva, cinematográfica, videográfica, cotidiana). Ou seja, as expressões empíricas da comunicação assumem e congregam dinâmicas e configurações tão particulares que parece quase impossível pensar na construção e na utilização de esquemas conceituais capazes de abarcar e dar conta de tal diversidade.

A essa natureza multifacetada do objeto empírico soma-se a sua mobilidade: a constante mutação das práticas comunicativas, verdadeiras revoluções tecnológicas a que temos assistido particularmente nos últimos anos, dão-se num ritmo que a reflexão acadêmica não consegue acompanhar, em função de sua natureza e seu tempo próprio. São distintos o tempo da reflexão e o tempo da prática; mais ainda essa distinção se faz sentir num campo onde a prática se renova a cada dia, o que dificulta o acompanhamento mais próximo e torna rapidamente ultrapassados muitos esforços investigativos.

b) Um segundo campo de dificuldades diz respeito à relação teoria/prática, ao protagonismo da prática com relação ao desenvolvimento acadêmico da temática, ou a uma "dinâmica invertida" que teria ocorrido no campo de estudo da comunicação. Reportando-se, por exemplo, à origem das ciências sociais, é interessante lembrar que o surgimento dessas ciências se deu como resultado de uma intervenção e de um trabalho de recorte de uma totalidade – a realidade social que é, em princípio, una, indivisa –, dando origem às diferentes disciplinas. O trabalho de conhecimento, o esforço teórico, de certa forma precedeu e construiu objetos de conhecimento distintos, recortando a "inteireza" da realidade humano-social.[5] No caso da comunicação, foram o desenvolvimento das práticas e a invenção dos novos meios de comunicação que motivaram os estudos e suscitaram a reflexão. Práticas de comunicação diferentes, revolucionárias, deram origem a novos esforços de compreensão. O próprio espaço acadêmico foi inaugurado ou estimulado por um investimento

---

[5] Por exemplo: antes de Freud, o inconsciente "não existia": foi a Psicanálise que recortou, deu existência e possibilitou estudar essa dimensão do psiquismo humano.

com objetivos instrumentais: cursos profissionalizantes na área de comunicação, pesquisas encomendadas para dar resposta a problemas operacionais (como melhorar a eficácia da venda de um determinado produto) antecederam a criação das teorias, que vieram quase a reboque, complementando a formação técnica e abrindo-a para sua dimensão humanista e social.

Esse primado da prática trouxe alguns inconvenientes ou distorções. Uma delas é a natureza da demanda. Enquanto atividade essencialmente envolvida com o processo produtivo da sociedade, a comunicação está sempre às voltas com a qualidade de seu desempenho, configurando uma necessidade operacional e a consequente orientação instrumental de muitas pesquisas empreendidas. Com frequência, o estudo da comunicação se desenvolve voltado para a obtenção de determinados resultados, guiado por finalidades específicas; isso não é ruim em si, mas certamente compromete o distanciamento crítico necessário ao conhecimento.

Cumpre ainda lembrar a dimensão de poder que permeia as práticas comunicativas, a função que elas desempenham no seio das relações políticas, econômicas e sociais. O que significa dizer: o conhecimento da comunicação não está isento do revestimento ideológico e de condicionamentos de toda ordem.

A crítica à proximidade e identificação exageradas com a prática, por outro lado, por vezes, produziu o excesso inverso, que é o descolamento. O isolamento da abstração intelectual e a adoção de esquemas teóricos fechados produziram, em certos casos, não apenas o distanciamento, mas mesmo o desprezo pela empiria. Ora, uma teoria que se coloca fora do horizonte da prática que a fundamenta se converte em pura abstração. A onipotência de uma teoria que abandona a referência das questões concretas, das demandas específicas da realidade comunicativa que a cerca acarreta também a perda do seu papel explicativo – e da sua razão de ser.

c) Um terceiro aspecto se refere à heterogeneidade dos aportes teóricos acionados para a sua compreensão. Fenômeno empírico com tantas facetas, a comunicação suscita múltiplos olhares; é um objeto complexo que apresenta recortes passíveis de serem investigados por várias disciplinas. De tal maneira que aquilo que chamamos "Teoria da Comunicação", principalmente em seus primórdios, apresenta-se como um corpo heterogêneo, descontínuo e mesmo incipiente de proposições e enunciados sobre a comunicação, fruto de investigações oriundas das mais diversas filiações (Sociologia, Antropologia, Psicologia, entre outras, cada uma refletindo o olhar específico e o instrumental metodológico de sua disciplina de origem). Essa herança heteróclita tanto enriquece os olhares quanto dificulta a integração teórica e metodológica do campo.

Infelizmente, e como agravante nesse quadro já complicado pela diversidade, manifesta-se ainda nos estudos sobre a comunicação uma forte tendência aos modismos: quadros conceituais, temáticas e vertentes explicativas se sucedem ao longo dos anos, sem alcançar o necessário aprofundamento e maturação. Apesar de sua pretensão científica, é necessário ressaltar a natureza intuitiva e às vezes apressada de muitas investigações, improvisando métodos, incorporando conceitos nem sempre pertinentes ou ainda não submetidos à necessária adequação.

Enfim, o espaço acadêmico da Comunicação apresenta-se permeado por diferentes tensões, presentes na diferenciação, na pluralidade e no movimento de seus objetos; na relação entre teoria e prática; na articulação das teorias. O corpo das teorias da comunicação apresenta-se como um quadro fragmentado, tanto no que diz respeito à heterogeneidade dos aportes como à diversidade das práticas que abarca.

É possível, apesar disso, tomá-lo enquanto um domínio científico específico? O elenco de estudos que compõem o que chamamos "teoria" ou "teorias da comunicação" pode começar a ser visto como uma ciência particular? Como já dito, o surgimento de uma disciplina não está vinculado aos objetos do mundo, não corresponde a uma divisão natural dos objetos da natureza, mas é resultado do estabelecimento de uma tradição de trabalho e da constituição de seu próprio objeto e métodos de abordagem.

Nosso percurso veio indicando que os estudos da comunicação não alcançaram exatamente o estatuto de uma ciência estabelecida; o campo da Comunicação ainda não constituiu com clareza seu objeto, nem sua metodologia. No entanto, também não se pode negligenciar sua existência e simplesmente apontar estudos sobre a comunicação espalhados em vários campos (na Sociologia, nas Ciências Políticas, na Psicologia). Já podemos identificar a constituição e o agrupamento de um razoável "estoque" de estudos, um pequeno patrimônio de conhecimento específico sobre a comunicação. Tais estudos trazem a marca de suas várias disciplinas de origem; a reflexão sobre a comunicação agrega a contribuição de várias disciplinas, atravessa fronteiras estabelecidas, promove migrações conceituais, colagens, justaposições. O resultado dessa composição nem sempre é bem ajustado, é verdade, mas suscita novos sentidos. É na medida do avanço de um movimento de congregação de olhares diversos, com o objetivo de constituir um novo olhar, que podemos pensar o campo de estudos da Comunicação enquanto domínio ou espaço interdisciplinar – ou transdisciplinar.

Alguns autores têm buscado distinguir os conceitos de "interdisciplinaridade" e "transdisciplinaridade". A primeira refere-se a determinados temas ou objetos da realidade que são apreendidos e tratados por diferentes ciências. Não acontece aí um deslocamento ou uma alteração no referencial teórico das disciplinas; estas não são "afetadas" pelo objeto, mas é o objeto que "sofre" diferentes olhares. A transdisciplinaridade, por sua vez, compreenderia um movimento diferente: uma determinada questão ou problema suscita a contribuição de diferentes disciplinas, mas essas contribuições são deslocadas de seu campo de origem e se entrecruzam num outro lugar – em um novo lugar. São esses deslocamentos e entrecruzamentos, é esse "transporte" teórico que ilumina e provoca uma outra configuração da questão tratada; é esse tratamento híbrido, distinto, que constitui o novo objeto.

Como entendemos, enfim, a situação atual da Comunicação? É mais do que hora de passarmos desse estágio das diferentes contribuições, separadas em domínios específicos – a interdisciplinaridade –, e avançarmos para o diálogo e o entrecruzamento dos aportes em um outro (novo) lugar. Este é o desafio das Teorias da Comunicação, da comunicação como campo de conhecimento: recortar um novo objeto que, sem prescindir do diálogo com as outras áreas mais consolidadas, consiga, através de bricolagens, curtos-circuitos e construções, marcar um outro lugar de conhecimento.

Panorama dos estudos da comunicação

Para o bem ou para o mal, vale sempre lembrar que a ciência é social e é histórica. É um produto dos seres humanos e das condições específicas por eles vividas; traz as marcas de suas necessidades, de suas vicissitudes, de seus limites e de seus investimentos. As dificuldades do campo teórico da Comunicação foram criadas e vividas historicamente, e traduzem a forma de inserção da ciência no mundo. Traçar, mesmo que de forma sucinta, um breve panorama das teorias, realçando as condições e os estímulos que motivaram seu surgimento, bem como o seu caráter recente, pode nos ajudar a situar melhor os aspectos apontados acima.

Naturalmente, sabemos que a comunicação é tão antiga quanto as primeiras sociedades humanas e seria um equívoco afirmar que até então os indivíduos e as sociedades não se preocuparam com a comunicação (ainda que nomeada de outra maneira). Já entre os gregos, há mais de dois mil anos, encontramos os sofistas exercitando o uso da palavra e ensinando a arte do discurso. Os filósofos, por sua vez, pregavam a necessidade da discussão racional para a direção da *pólis*; Platão realça a importância do discurso que busca a verdade, distinguindo-o da Retórica; Aristóteles conceitua a Retórica como a busca de todos os meios possíveis de persuasão, classifica e organiza suas técnicas.

Não obstante, estudos específicos sobre o fazer comunicativo, ou sobre os meios de comunicação, datam do início do século XX. São contemporâneos das profundas mudanças que atingiram esse domínio, e que se referem ao desenvolvimento vertiginoso das técnicas, à institucionalização e profissionalização das práticas, às novas configurações espaçotemporais que ganham forma no âmbito da nova realidade comunicativa.

Se estabelecemos uma primeira correlação entre a intensificação das práticas comunicativas e a maior necessidade de seu conhecimento, uma outra correlação fundamental que devemos estabelecer é entre o desenvolvimento dos meios de comunicação e respectivos estudos com a dinâmica mais ampla que marcou a primeira metade do século XX, com as intensas transformações vividas pelo mundo, com as necessidades que as sociedades ocidentais formularam à comunicação naquele momento. Os estudos sobre a comunicação foram provocados tanto pela chegada dos novos meios como foram também, e, sobretudo, demandados por uma sociedade que necessitava usar melhor a comunicação para a consecução de seus projetos. O conhecimento da comunicação surge marcado pelas questões colocadas pela urbanização crescente, pela fase de consolidação do capitalismo industrial e pela instalação da sociedade de consumo, pela expansão do imperialismo norte-americano, pela divisão política do globo entre capitalismo e comunismo. A aceleração dos estudos reflete também o papel central ocupado pela ciência, que responde cada vez mais pelo progresso e planificação da vida social.

É nesse contexto que vamos identificar o surgimento dos primeiros trabalhos. Alguns autores apontam o pioneirismo do alemão de Otto Groth que, em Estrasburgo (hoje, território da França), nas primeiras décadas do século XX, dedicou-se a escrever uma espécie de enciclopédia sobre o jornalismo, conhecida como "teoria do diário". Porém, é nos Estados Unidos, a partir de 1930, que começa a se desenvolver um tipo de pesquisa voltada para os meios de comunicação de massa, particularmente para seus efeitos e funções. São esses estudos, conhecidos como Mass Communication Research, que teriam inaugurado – ou marcado o "nascimento" – da Teoria da comunicação.[6] Este

---

[6] Estudos da Escola de Chicago são anteriores, mas apenas recentemente são contabilizados na esfera dos estudos da comunicação.

nascimento teve paternidade reconhecida; quatro pesquisadores são apontados como "pais fundadores" da pesquisa em comunicação. São eles: Paul Lazarsfeld, Harold Lasswell, Kurt Lewin e Carl Hovland.[7] Naquele momento, vários institutos e centros de pesquisa são criados, com o desenvolvimento de projetos abrangentes e ambiciosos, com a montagem de experimentos, possibilitando a formulação das primeiras teorizações sobre o papel dos meios e o processo de influência.

Tais estudos estavam intimamente ligados a motivações de ordem política e econômica: por um lado, a expansão da produção industrial e a necessidade de ampliar a venda dos novos produtos (de estimular a formação e a ampliação dos mercados consumidores) impulsiona o investimento em pesquisas voltadas para o comportamento das audiências e para o aperfeiçoamento das técnicas de intervenção e de persuasão. Por outro lado, a reacomodação do mundo sob o impacto da fase monopolista do capitalismo, bem como a ascensão dos Estados Unidos como grande potência imperialista, atribuem à comunicação um papel estratégico.

Já na Primeira Guerra Mundial, na Europa, os meios de comunicação são chamados a desempenhar o papel de persuasores das vontades e dos sentimentos individuais da população civil na sustentação da economia e no fortalecimento do sentimento nacional. Pouco depois, a crise de 1929 e a retomada econômica dos Estados Unidos sob a égide do New Deal incluem a comunicação no projeto de planificação e racionalização da sociedade.

---

[7] A denominação "pais fundadores" é dada por Wilbur Schramm, no livro *Panorama da comunicação coletiva* (1964). Paul Lazarsfeld era sociólogo, formado em Viena, e se dedicou, sobretudo, ao estudo das audiências dos meios de comunicação de massa, à caracterização dos efeitos e processos de formação da opinião pública. Harold Lasswell era cientista político, trabalhou com opinião pública; identificou as funções básicas da comunicação; estabeleceu um modelo que se tornou quase um paradigma da área ("Quem diz/o quê/em que canal/a quem/com que efeito"). Kurt Lewin era psicólogo, formado em Viena, e desenvolveu estudos sobre a comunicação em pequenos grupos sobre líderes de opinião. Carl Hovland era também psicólogo, desenvolvia pesquisas experimentais sobre influências e mudanças de atitude.

Mas foi, sobretudo, a Segunda Grande Guerra que veio expor a potencialidade e o alcance da comunicação, através dos programas empreendidos pela Alemanha nazista, sob a inspiração de Joseph Goebbels, com o uso da propaganda como mecanismo de controle e manipulação político-ideológica, a combinação de formas interpessoais e massivas, a utilização máxima dos meios disponíveis em programas voltados tanto a um público interno quanto externo. Paralelamente, deve-se registrar também o volume e a eficácia da propaganda dos aliados nessa guerra. Os Estados Unidos adaptaram as técnicas de Goebbels e desenvolveram seu modelo próprio de intervenção. Instituições públicas e privadas, civis e militares se dedicam a análises e experimentos, testando e aperfeiçoando o desempenho e a eficácia da comunicação.

No pós-guerra, a comunicação continua a cumprir um papel crucial, sobretudo no contexto da Guerra Fria e na política intervencionista americana. Dos serviços de informação à difusão de produtos culturais, passando pela criação de agências de desenvolvimento e institutos de pesquisa nos países do terceiro mundo, toda uma política de intervenção centrada na manipulação ideológica (no "domínio das mentes e corações") vem incentivar e exigir o desenvolvimento das pesquisas e o maior domínio das técnicas e do fazer comunicativo.

Naturalmente, esta é apenas uma etapa da história que contextualiza o surgimento dos primeiros estudos sobre os meios de comunicação de massa. Porém, é uma etapa que marcou o desenvolvimento posterior desses estudos, imprimindo uma concepção muito duradoura da comunicação, identificada como processo de transmissão, e por seus objetivos de persuasão.

Mesmo nos Estados Unidos, vamos encontrar outras importantes tendências de estudo voltadas para a comunicação humana e social, trilhando caminhos distintos, tendo como ponto de partida o trabalho desenvolvido pelos pesquisadores da Escola de Chicago. Tais estudos, no entanto, permaneceram até muito recentemente apartados da chamada "teoria da comunicação", ou das abordagens que tratam da comunicação institucional ou midiática, porque não estavam afinados com a problemática formulada pela época, voltada para o conhecimento e a obtenção de efeitos. Apenas mais recentemente, começa a se desenvolver uma confluência maior entre as diferentes perspectivas de estudo, e a incorporação, na análise dos meios de comunicação de massa, de referenciais oriundos da etnometodologia, de teorias sobre a produção social da realidade, entre outros.

Na Europa, os estudos sobre os meios de comunicação, na primeira metade do século XX, não se desenvolveram com a mesma intensidade e se construíram sobre bases completamente distintas, seguindo uma orientação mais analítica e especulativa, desvinculada de objetivos instrumentais ou administrativos.

O final dos anos 1920 e o início dos anos 1930 marcam o surgimento de importante corrente de estudos sobre a cultura da sociedade industrial, que também exerceu uma influência decisiva na orientação de estudos posteriores sobre os meios de comunicação – a Teoria Crítica, ou Escola de Frankfurt, como é mais conhecida. A Teoria Crítica se desenvolve em contraposição – e quase como um antídoto – para a perspectiva funcional e positivista americana, promovendo uma crítica severa à mercantilização da cultura e à manipulação ideológica operada pelos meios de comunicação de massa.

Na França, no final dos anos 1930, é criado o Instituto Francês de Imprensa, onde Jacques Kayser desenvolve e coordena um trabalho de análise morfológica dos jornais. Alguns anos mais tarde, pesquisadores agrupados no Centre d'Études des Communications de Masse (CECMAS) desenvolvem importantes reflexões sobre a cultura de massa e a ideologia dos produtos culturais. O surgimento do estruturalismo inspira o estudo e a ênfase na linguagem dos meios.

Na Inglaterra, rediscutindo e se distinguindo da tradição estruturalista francesa, os estudos sobre a mídia surgem no âmbito das análises sobre a dinâmica da produção cultural na sociedade contemporânea. Ultrapassando as clivagens entre os diferentes níveis de cultura, e estendendo o próprio conceito de cultura, os pesquisadores do Centre for Contemporary Cultural

Studies, da Universidade de Birmingham, se propõem a analisar a produção dos meios de comunicação inserida no contexto das práticas sociais cotidianas e da experiência.

Na América Latina,[8] as primeiras investigações sobre a comunicação surgem nos anos 1950 e 1960, marcadas por forte influência americana, tanto do ponto de vista do modelo teórico como da formulação das temáticas a serem investigadas. Na década de 1970, o pensamento latino-americano no campo das ciências sociais é atravessado por um profundo sentimento crítico e anti-imperialista; intelectuais de formação marxista desenvolvem reflexões no campo das ciências sociais batizadas com o nome de "teoria da dependência". No seio dos estudos da comunicação, surge o conceito do imperialismo cultural, bem como a proposição de um novo modelo e uma nova prática comunicativa, a comunicação horizontal ou participativa. Em sintonia com debates também desenvolvidos em outras partes do mundo, propõe-se uma nova ordem internacional da comunicação; nos vários países, luta-se pela constituição de políticas nacionais de comunicação, pela democratização dos meios.

Em linhas gerais, este é o quadro que se delineava até por volta de 1970. Novas tendências de estudo se desenvolvem em nossos dias, tanto na América Latina quanto na Europa e nos Estados Unidos. Algumas perspectivas caducaram e foram ultrapassadas; outras, anteriormente pouco evidenciadas, datadas algumas do início do século, são retomadas e ganham um novo investimento. Novas proposições e temáticas aparecem em cena. Há uma reconfiguração do quadro das teorias, e uma perspectiva mais propriamente comunicativa começa a se evidenciar. Tais mudanças traduzem os reordenamentos vividos pela sociedade naquele final de século, que dizem respeito a uma verdadeira revolução no campo das tecnologias da informação, profundas alterações no campo dos valores, no universo das representações, no desenho das relações internacionais e no quadro das

---

[8] Na primeira metade do século XX, foram desenvolvidos alguns estudos esporádicos sobre a história e a legislação dos meios de comunicação.

sociabilidades. O mundo que encerra o século XX não é o mesmo que o iniciou.

Este breve percurso, mapeando tendências que serão melhor apresentadas nos capítulos que se seguem, apenas pretendeu indicar e enfatizar o quanto o estudo da comunicação, a orientação da pesquisa, a seleção das temáticas, a construção dos modelos teóricos acompanham e refletem a dinâmica global e as diferentes fases vividas pela sociedade em momentos sucessivos. A constituição da teoria da comunicação é também um processo histórico e reflete a experiência e as tendências da vida social.

Ordenação dos estudos

Como já ressaltamos, a Teoria da Comunicação se caracteriza, sobretudo, pela heterogeneidade das correntes e concepções que abriga, e a apresentação de um quadro geral das teorias esbarra na dificuldade de sistematização: não há como apresentar de forma orgânica e estruturada um quadro que é fragmentado e descontínuo.

Vários esquemas de agrupamento vêm sendo tentados, e cada época se identifica melhor com um tipo de critério, o que significa dizer: também esta leitura e sistematização dos estudos refletem preocupações datadas.

No pós-guerra e período da Guerra Fria, quando o mundo ainda era divido em dois grandes blocos, e os conceitos de "direita" e "esquerda" encontravam referentes mais nítidos, adotou-se uma primeira classificação mais global e ainda bastante grosseira que dividia e agrupava os estudos e correntes teóricas de acordo com dois grandes paradigmas: o paradigma da ordem (nomeando a chamada "pesquisa administrativa", desenvolvida pelos americanos) e o paradigma do conflito (perspectiva crítica, de viés marxista).[9]

---

[9] Umberto Eco, no conhecido estudo *Apocalípticos e Integrados* (1979), distinguiu os *apocalípticos* (referindo-se ao pensamento crítico que vê na cultura de massa a anticultura e o sinal da barbárie) e os *integrados* (pensamento administrativo marcado pela aceitação passiva e feliz da cultura de massa).

No início, refletindo a origem interdisciplinar dos estudos, achou-se oportuno ordená-los segundo sua origem disciplinar: Sociologia da Comunicação, Psicologia da Comunicação, Comunicação Biológica, Fundamentos Filosóficos da Comunicação, e assim por diante.

Já tentou-se também fazer um agrupamento dos estudos segundo sua filiação às distintas correntes de pensamento: corrente funcionalista (ou positivista); marxista; estruturalista. Essa tentativa esbarra, entretanto, no cipoal de concepções (e pseudofiliações) da maioria dos estudos, sem falar nas inúmeras tendências em que se desdobram cada grande corrente.

Uma outra forma de apresentação atende a um desenho geográfico: Escola Americana; Escola Francesa; Escola Latino-Americana. Esse sistema, que facilita a contextualização sócio-histórica dos estudos, tem o inconveniente de encobrir tendências distintas e, às vezes, criar uma falsa unificação: o rótulo "Escola Americana", por exemplo, se remete mais especificamente à corrente funcionalista, e deixa de fora outras tendências. Falar de "Escola Francesa" é mais um artifício de abordagem que propriamente a identificação de uma tendência, dada a resistência francesa a todo tipo de "escola".

A identificação de universidades, institutos ou centros de pesquisa já é uma nomeação mais atenta à especificidade de algumas tradições. Ela, no entanto, deixa de fora algumas perspectivas que se desenvolveram de forma mais descentralizada, através da obra de autores que não mantêm ligações explícitas entre seu trabalho.

Também se promove o agrupamento temático, conforme a abordagem e a ênfase específica dada ao processo da comunicação. Tomando, por exemplo, os diferentes elementos ou instâncias que compõem o processo comunicativo, podemos identificar e agrupar estudos voltados mais especificamente para a instância da produção ou para o lugar do emissor; estudos sobre a recepção; estudos sobre a técnica ou suporte; estudos das mensagens, da linguagem ou da produção discursiva. Ou podem obedecer a clivagens distintas: alguns se ocupam da conceituação e formalização do processo; outros desenvolvem uma abordagem mais global e macroscópica, enfocando a inserção da comunicação na sociedade, as diversas interfaces que ela estabelece com outras áreas (como a política, educação, cultura).

Concluindo, queremos dizer que um roteiro de apresentação dos estudos é uma tarefa complexa, por trabalhar com um corpo tanto heterogêneo e fragmentado no que diz respeito a seus elementos, quanto desigual no seu desenvolvimento. Traçar um quadro das teorias supõe escolhas, indica uma perspectiva, enfim, traduz um trabalho de interpretação – do pesquisador, mas também aquele permitido por uma determinada época.

Nos próximos capítulos, os estudos foram ordenados a partir de uma composição de critérios. Inicialmente, fizemos uma primeira divisão geográfica, por continentes e países. Dentro de cada um, procuramos distinguir correntes e agrupamentos teóricos específicos. Após esse primeiro quadro, procuramos estabelecer um mapeamento de temáticas específicas que não deram origem a escolas propriamente ditas, mas foram tratadas por autores isolados, em lugares e contextos distintos.

Uma última questão diz respeito à distinção entre correntes ou teorias, e paradigmas da comunicação. As teorias ou correntes de estudo, evidenciadas anteriormente, compreendem um conjunto de ideias e proposições sobre a comunicação; são sistemas de pensamento mais completos, mais desenvolvidos, promovendo uma leitura de uma determinada situação. Mas, nas ciências, as teorias estão assentadas em *paradigmas* – que são modelos ordenadores, concepções de fundo que estruturam o desenvolvimento das teorias. No caso da comunicação, o paradigma refere-se à própria concepção da comunicação; a uma dada compreensão do processo comunicativo que estaria ordenando e estruturando os conceitos e pressupostos que compõem as teorias disponíveis.

Se as teorias da comunicação têm sido numerosas e diversificadas ao longo de quase um século de estudo, o paradigma comunicativo, a matriz epistemológica para pensar o que é mesmo a comunicação não avançou muito. O processo comunicativo veio sendo pensado na maior parte dos estudos como a simples transmissão de mensagens de um emissor para um receptor. Apenas mais recentemente, novas teorias começam a questionar essa matriz e a pensar o processo comunicativo como algo mais complexo, percebendo não apenas a autonomia e a riqueza de possibilidades que animam seus elementos componentes (a mensagem, o emissor, o receptor), como as diversas relações que os entrecruzam.

Esta, no entanto, é uma discussão que retomaremos no capítulo final. Neste primeiro momento, quisemos apenas registrar essa distinção, de forma a buscar apreender, no bojo das diversas teorias, a maneira como cada uma delas concebe e trata o processo comunicativo.

CAPÍTULO 2 ....

O estudo da comunicação nos Estados Unidos: a "Mass Communication Research"

No campo das Teorias da Comunicação, os Estados Unidos cumprem um papel fundamental, não apenas pela quantidade de estudos empreendidos, mas, sobretudo, pelo seu papel pioneiro. Embora possam ser contabilizados alguns trabalhos precursores na Europa, enfocando o jornal, foram os EUA, no início do século XX, que primeiro tomaram os novos meios de comunicação "de massa" como alvo de estudos sistemáticos e continuados. Houve um grande investimento no desenvolvimento de projetos, na criação e no fortalecimento de centros de pesquisa, investimento este pautado por dois tipos de interesse. Por um lado, uma preocupação ética sobre "o que os meios estão fazendo (ou podem fazer) com as pessoas". De outro, um interesse de cunho instrumental, por parte do meio político e empresarial, voltado para a eficácia no uso dos meios na obtenção de objetivos pretendidos.

O pioneirismo e o volume desses estudos, conhecidos como Mass Communication Research – ou Escola Funcionalista Americana –, vão colocá-los não apenas na origem do que hoje chamamos "Teorias da Comunicação", mas exercendo forte influência no conhecimento que será produzido depois, e em outros lugares, a respeito dos meios de comunicação. Essas pesquisas enfatizaram sobremaneira o estudo das funções e dos efeitos exercidos pelos meios de comunicação e foram responsáveis pela cristalização de uma determinada concepção ou modelo de comunicação – o chamado "modelo informacional", formalizado por um estudo paradigmático, conhecido como Teoria Matemática da Comunicação.

Origem, características

Os estudos americanos sobre a comunicação de massa tiveram início já nas primeiras décadas do século XX, e a Mass Communication Research alcançou seu apogeu no período que vai do final dos anos 1930 até por volta de 1950, quando os estudos vão se generalizando nos vários continentes e se abrem a novas tendências e temáticas de estudo. Esse momento de grande efervescência das pesquisas compreende também um período bastante particular da história americana, que foi a entrada definitiva dos Estados Unidos na cena mundial como nova (e superpoderosa) potência.

A Crise de 1929 (a crise econômica do capital norte-americano, a queda da bolsa de Nova York) é certamente um marco significativo nessa história. Estava no poder o Partido Republicano, seguindo uma política não intervencionista. O Partido Democrata ascende ao poder em 1933, com F. D. Roosevelt, e implementa uma proposta política de fortalecimento da intervenção estatal que não apenas assegura a retomada econômica dos Estados Unidos, como estabelece o patamar necessário para o papel que o país irá assumir na economia mundial. A indústria americana se acelera e desenvolve uma política vitoriosa de conquista de mercados externos. Tal política exige uma recolocação da política de opinião; "o New Deal é o marco adequado para o desenvolvimento da moderna teoria da comunicação e da opinião pública", ressalta Moragas Spa (1981, p. 29)

O surgimento de centros de pesquisa e de novas revistas científicas se dá em estreita relação com preocupações políticas do governo norte-americano.[1] Em suas primeiras etapas,

---

[1] "A revista *The Public Opinion Quartely* (que surge em 1937, editada pela Universidade de Princeton) nasce como resultado da necessidade política, em progressivo

a investigação sobre a comunicação de massa visa a conhecer os estados de opinião de forma a orientar a atuação do poder político. Alicerçadas em achados da psicologia comportamental, as pesquisas buscam direcionar as práticas dos meios para o exercício da influência e da persuasão.

No início dos anos 1940, a preocupação dos investigadores já não está voltada unicamente para a comunicação interna no país, mas abarca notadamente o desenvolvimento dos meios de propaganda política de alcance internacional. Os pesquisadores se dedicam a preparar a entrada dos Estados Unidos na Segunda Guerra Mundial, o que implica tanto planejar a moral e os espíritos de combate dos soldados norte-americanos quanto conduzir a opinião pública norte-americana (a favor da guerra) e internacional (a favor da intervenção americana).[2]

No pós-guerra, novos polos de interesse orientam os estudos da comunicação: a propaganda eleitoral interna, a criação de uma política de opinião pública para a expansão imperialista, a comunicação no contexto da Guerra Fria, pautada, sobretudo, por uma intensa propaganda anticomunista. A imagem dos EUA é cuidadosamente ajudada pela criação de figuras emblemáticas, como Mickey Mouse e Super-Homem – o herói que luta incansavelmente em nome da justiça e da democracia. Na Guerra Fria, tem prosseguimento o seu papel de polícia mundial na luta contra o perigo comunista, na defesa dos ideais democráticos. Junto aos países subdesenvolvidos, os americanos passam a implementar uma política de tutoria, que conjuga a implementação de um modelo de desenvolvimento econômico a uma estratégia de influência política e combate ao comunismo.

---

incremento desde a Primeira Guerra, de obter e divulgar conhecimentos sobre o controle da opinião e as atitudes públicas", destaca Moragas Spa (1981, p. 30).

[2] "Há muitas maneiras de ganhar uma guerra. O inimigo pode ser massacrado literalmente, bombardeado e aniquilado. Pode-se fazê-lo morrer de fome ou submissão. Ou inclusive se pode persuadi-lo através de métodos atrativos para que encerre a luta. Nenhum poder beligerante ignora, prudentemente, estes métodos: a força militar, a estrangulação econômica ou a persuasão política" (editorial da revista *Public Opinion Quartely*, em 1943, *apud* MORAGAS SPA, 1981, p. 34).

O campo de investigação também se estende a novas frentes relacionadas às exigências industriais do momento: a publicidade e as relações públicas se desenvolvem com vistas a melhor atender os interesses empresariais e as exigências comerciais de um mercado em expansão.[3]

Ao longo daqueles anos, a América do Norte viu florescer uma nova e vitoriosa realização comunicacional: o desenvolvimento das emissões radiofônicas vence as barreiras do tempo e do espaço, possibilitando a instantaneidade da informação; o cinema hollywoodiano explode no mundo como uma nova e fascinante fábrica de ilusões; a recém-inventada televisão promete ampliar ainda mais as possibilidades desse novo mundo de informações e imagens. O *american way of life* não apenas dá provas de seu sucesso, como adquire as condições e ferramentas para ser exportado. Essas não foram conquistas gratuitas, mas alicerçadas num modelo cultural, num quadro de valores em que o progresso, o ideal democrático americano, a crença no poder da técnica, o culto ao trabalho e a busca do sucesso individual ocupam lugar de destaque.

O pesquisador americano Wilbur Schramm, no início dos anos 1960, chama a atenção para o lugar privilegiado alcançado pelos estudos da comunicação, que passa a interessar um número crescente de pesquisadores nos Estados Unidos, constituindo "uma das encruzilhadas mais ativas do comportamento humano, o que é compreensível, pois a comunicação é um processo – ou talvez *o* processo – social básico" (SCHRAMM, 1964, p. 9-10, grifo do autor).

Esses estudos, estimulados por essa nova realidade da primeira metade do século XX – com o desenvolvimento da imprensa de massa, a invenção do cinema, do rádio e, posteriormente, da televisão –, foram marcados por três grandes áreas de preocupação: a eficácia da propaganda política, a utilização comercial-publicitária

---

[3] Em 1950, dá-se o surgimento do *Journal of Communication*, até hoje uma das revistas de referência na área. Nos anos 1960, a revista espelha um certo abandono da preocupação com problemas macrocomunicativos, com uma maior ênfase para estudos voltados para fenômenos comunicativos concretos, como a comunicação empresarial.

dos meios de massa e a influência dos novos meios de comunicação nos comportamentos e no quadro de valores sociais. As duas primeiras configuram uma perspectiva instrumental de estudos, impulsionando investigações comprometidas com a rentabilidade política e/ou econômica dos resultados. Ao lado delas, desenvolve-se um amplo campo de estudos que Moragas Spa vai qualificar de "moralista", voltado de forma quase obsessiva para os possíveis efeitos nefastos da veiculação de temas como a violência.

A pesquisa americana se desenvolve bastante vinculada à sua aplicação prática, procurando dar respostas à demanda de uma utilização eficiente dos meios. Conforme ressaltado ainda por Schramm, trata-se de uma pesquisa mais quantitativa que especulativa, pautada na experimentação e verificabilidade; seus praticantes "procuram descobrir algo sobre o motivo do comportamento dos homens, sobre as possibilidades de a comunicação fazê-los viver juntos, mais feliz e produtivamente" (1964, p. 13).

Nem sempre, no entanto, o uso da comunicação está voltado apenas para o bem-estar e felicidade dos homens, inscrevendo-se claramente na política de expansão hegemônica dos EUA, como ilustra a fala do diretor de uma agência norte-americana de propaganda no exterior, United States Information Agency (USIA), no livro *Aunque no nos quieran* (1969):

> o que se necessita são esforços bem organizados e meditados para convencer o mundo. [...] A propaganda governamental eficaz consiste em distribuir, de forma seletiva, mas crível, informações verdadeiras e difundi-las com o objetivo de levar outros povos a pensar e atuar como corresponde aos interesses americanos. [...] Em um mundo em que as benesses da educação se estendem a muitos, em vez de poucos, a caneta é cada vez mais poderosa que a espada. Os homens se deixam convencer menos pela força bruta que pelas ideias (SORENSON, 1969 apud BISKY, 1982, p. 33, tradução nossa).

Ou seja, como ressaltamos anteriormente, as teorias são fruto de seu tempo: são devedoras das condições sociais, políticas e culturais em que foram geradas; são cristalizações daquilo que os indivíduos viviam e pensavam numa determinada época, num determinado lugar. Como bem lembra Moragas Spa, "a teoria da comunicação norte-americana, longe de poder analisar-se a partir da expectativa utópica da ciência como atividade politicamente asséptica, deve analisar-se a partir do coração da história política e econômica dos Estados Unidos" (1981, p. 29).

Fundamentos teóricos

As teorias americanas se construíram na confluência de diversas áreas científicas, somando inúmeras contribuições[4] – o que lhes confere uma base teórica e conceitual multifacetada. Sem a pretensão de esgotar seus fundamentos, buscaremos apontar as filiações teóricas mais significativas, que estabelecem as afinidades, ou o terreno comum, dos vários estudos.

A Teoria Funcionalista (ou o estrutural-funcionalismo)

A Mass Communication Research parte, inicialmente, de uma base sociológica, de uma dada concepção de sociedade; seu quadro interpretativo se filia a uma teoria sociológica complexa, que é o estrutural-funcionalismo. Este, por sua vez, se inscreve dentro do amplo movimento de pensamento chamado positivismo, que dominou grande parte da cultura europeia da primeira metade do século XIX até as vésperas da Primeira Guerra Mundial. Desenvolvido em tradições culturais diferentes (França, Inglaterra, Alemanha),[5] ele se caracteriza pela presença de alguns traços comuns: o primado da ciência (o único método

---

[4] Conforme Schramm, a pesquisa da comunicação tem atraído "o interesse de psicólogos, sociólogos, antropólogos, cientistas políticos, economistas, matemáticos, historiadores e linguistas e, de todos esses setores e de muitos outros, têm surgido contribuições para a compreensão desse assunto. Este tem representado uma encruzilhada acadêmica onde muitos passam, mas poucos se detêm" (1964, p. 10).

[5] Para alguns autores, o positivismo tem suas raízes na filosofia das Luzes no século XVIII. Seus representantes mais significativos são Auguste Comte (1798-1857), na França; John Stuart Mill (1806-1873) e Herbert Spencer (1820-1903), na Inglaterra.

de conhecimento é o das ciências naturais); a exaltação da ciência como único meio em condições de resolver, ao longo do tempo, todos os problemas humanos e sociais; a aproximação entre as ciências naturais e o estudo da sociedade; o combate às concepções idealistas e espiritualistas da realidade. O positivismo também espelha a conjuntura europeia do século XIX: a indústria, a estabilidade política e o desenvolvimento da ciência e da tecnologia "constituem os pilares do meio sociocultural que o positivismo *interpreta, exalta e favorece*" (REALE, 1991, p. 296, grifo nosso).

Herdeiro das concepções do positivismo sociológico, o funcionalismo busca aplicar na realidade social os mesmos princípios das ciências físicas e naturais, se espelhando nestas para a criação de seus modelos teóricos, bem como na busca de leis invariáveis que explicariam o funcionamento da vida social, econômica, política e cultural da sociedade humana.

Estabelecendo uma analogia entre a sociedade, enquanto uma realidade viva, com outra realidade viva, que é o organismo biológico, o funcionalismo toma como matriz analítica o modelo organísmico e constrói sua perspectiva assentada em duas noções básicas: estrutura e função. Foi o positivismo evolucionista de Herbert Spencer que levou tal analogia orgânica às últimas consequências, identificando as funções orgânicas com as instituições da sociedade no sentido de mostrar como elas contribuem para o funcionamento do todo, o corpo social.[6] A

---

[6] Para Florestan Fernandes, não seria logicamente apropriado considerar o funcionalismo uma "doutrina" ou uma disciplina sociológica especial. "Quando as primeiras interpretações funcionalistas adquiriram consistência, através das ideias de Spencer e de outros autores contemporâneos, elas faziam parte de uma 'doutrina' mais geral, que se tornou conhecida sob o nome de *organicismo*. Mais tarde, quanto se tentou, sob o influxo de Durkheim, de Mauss e Radcliffe-Brown, explorar de forma mais ampla e rigorosa, as possibilidades heurísticas do conceito de função social, a esse intento se associou, explicitamente, a qualificação de 'sociologia objetiva' ou 'positiva'. [...] Foi graças aos etnólogos, principalmente Malinowski [...], que o *funcionalismo* acabou sendo concebido como uma teoria, suscetível de explicar a dinâmica do comportamento social humano, da sociedade e da cultura" (FERNANDES, 1974, p. 191-192, grifos nossos).

função é concebida em termos dos fins realizados pelos grupos, instituições e estruturas; as partes da sociedade são unidas por uma relação de dependência, como no corpo vivo. Daí decorre que estrutura e função são fenômenos interdependentes. A sociedade é entendida como um organismo inter-relacionado, cujos elementos formam uma estrutura em que cada um deles é afetado se uma parte deixa de funcionar; as instituições existem para satisfazer as necessidades humanas e sociais; todas as partes da sociedade cumprem regras que contribuem para a preservação e o desenvolvimento harmônico do todo:

> O sistema social na sua globalidade é entendido como um organismo cujas diferentes partes desempenham funções de integração e de manutenção do sistema. O seu equilíbrio e a sua estabilidade provêm das relações funcionais que os indivíduos e os subsistemas ativam no seu conjunto; indivíduos se tornam meio para procurar atingir os fins da sociedade e, em primeiro lugar, de sua sobrevivência auto-regulada. A lógica que regulamenta os fenômenos sociais é constituída por relações de funcionalidade que presidem à solução de problemas fundamentais (WOLF, 1995, p. 57).

A análise funcionalista concentra-se na descoberta do grau de elaboração funcional dos fenômenos sociais. Ela só consegue abarcar os problemas teóricos que possam ser formulados e entendidos funcionalmente, que digam respeito à função exercida pelas instituições sociais, com especial sensibilidade para a análise dos fenômenos sociais recorrentes ou relativamente estáveis. Orientados por essa perspectiva, os cientistas sociais apenas conseguem focalizar as funções efetivamente realizadas e plenamente objetivadas no padrão de equilíbrio dos sistemas sociais, ignorando problemas e potencialidades que não chegam a realizar-se ou não são suscetíveis a uma descrição objetiva.

É possível identificar certa proximidade do funcionalismo com o conceito de sistema, que implica uma outra maneira de pensar a estrutura social, mas dentro dos mesmos supostos orgânicos. A ideia de sistema vem acompanhada da noção de equilíbrio. A ambição sistêmica é repensar a globalidade mais que as partes, as interações dinâmicas mais que as causalidades, a complexidade mais que o simples.

Nos marcos do funcionalismo, a comunicação passa a ser vista a partir das funções que exerce no corpo social: ela existe e se justifica numa perspectiva funcional.

O behaviorismo ou comportamento condicionado

À concepção de sociedade herdada do estrutural-funcionalismo, a Mass Communication Research vai agregar uma abordagem dos comportamentos oriunda do behaviorismo ou comportamentalismo (corrente de estudo dentro da Psicologia).

O fundador do comportamentalismo foi o norte-americano J. B. Watson (1878-1958). Sua intenção fundamental era tornar a Psicologia uma ciência como as ciências naturais; para tanto, era necessário retirar da análise psicológica os dados intimistas (da introspecção), que não podem ser submetidos à experimentação. A consciência não pode estar na base da ciência psicológica; o que o psicólogo precisa estudar são os comportamentos.

> Assim como o químico estuda o comportamento (ou modo de reagir) de uma substância posta em determinadas condições, da mesma forma o psicólogo estuda o comportamento do indivíduo posto em determinadas condições. [...] Os comportamentos são os únicos objetos da psicologia, que deve encontrar as leis que os explicam. Mas encontrar as leis que os explicam quer dizer identificar as suas causas. E Watson encontra essas causas nos "estímulos" que o indivíduo recebe incessante do ambiente: os comportamentos são "respostas" a "estímulos" ambientais e a psicologia científica é a ciência da dupla "estímulo-resposta" (REALE, 1991, p. 875-876).

Depois de Watson, o behaviorismo se desenvolveu em diferentes direções. Introduz-se a ideia de intencionalidade: as ações humanas (e também animais) não se dão através do simples esquema mecânico de estímulo-resposta; ao contrário, os comportamentos podem ser mais bem explicados se forem considerados como cadeias de ações voltadas para objetivos precisos.

Burrhus Frederic Skinner é o representante mais conhecido do behaviorismo, amplamente criticado por suas aplicações dos princípios comportamentalistas a projetos de reforma social, através do uso do condicionamento dos comportamentos para reformar e melhorar a sociedade. Skinner também rejeita a importância dos esquemas mentais (intenções, emoções, sentimentos) em prol do estudo do comportamento observável e do desenvolvimento de técnicas de condicionamento – entre elas, a técnica do reforço, que estimula um tipo de resposta e inibe outros.

A ênfase no comportamento, o uso do condicionamento e do reforço foram tendências prontamente absorvidas pelos estudos sobre efeito voltados para as propagandas política e comercial.

A Teoria da Sociedade de Massa

Como terceiro componente desta moldura teórica, identificamos o conceito de "sociedade de massa", que tem origens remotas e acolhe diferentes concepções.

O termo "massa" designa, nesse contexto, uma coletividade de grande extensão, heterogênea e desestruturada socialmente, isto é, desprovida de laços internos. O conceito de "sociedade de massa" tem suas origens no pensamento político conservador do século XIX e remonta à reação contra a Revolução Francesa, bem como à preocupação das elites com as massas operárias que acompanham o início do processo de industrialização na Inglaterra e a dinâmica de urbanização. O conceito tem, inicialmente, uma conotação negativa e designa uma fase de desordem da vida social[7]: Alexis de Tocqueville alertava para o perigo da homogeneização e nivelamento por baixo; para o pensamento oitocentista, as elites e seus valores civilizatórios estariam seriamente ameaçados pelo

---

[7] Ver Cohn (1973), capítulo 1.

crescimento urbano, pelo enfraquecimento dos laços tradicionais (família, associações de ofício, religião), pelos ideais de igualitarismo e liberdade. Essa ameaça era representada exatamente pelo cenário da sociedade de massa.

Gustave Le Bon, escrevendo na passagem do século XX, apontava o caráter irracional, impulsivo e regressivo da ação das multidões. Para o pensador francês, as massas seriam inaptas para o raciocínio e afeitas à ação; dotadas de uma "alma coletiva" e tomadas pelo sentimento de potência e por uma dinâmica de contágio psicológico, elas exerceriam um papel corrosivo à civilização. O apagamento da personalidade consciente e a tendência a transformar sugestões em atos seriam as principais características do indivíduo no meio da massa – como parte dela, "o homem desce vários graus na escala da civilização. Isolado, seria talvez um indivíduo cultivado, na multidão, é um ser instintivo, consequentemente, um bárbaro" (LE BON, 2006, p. 14, tradução nossa).

Para o espanhol Ortega y Gasset, o homem massa, resultante da desintegração da elite, é a antítese da figura do humanista culto; "à aberração intelectualista, que isola a contemplação da ação, sucedeu a aberração contrária: a aberração *voluntarista*, que dispensa a contemplação e diviniza a ação *pura e simples*" (ORTEGA Y GASSET, 2008, p. 14, grifos do autor, tradução nossa). E continua, em sua descrença das ações e projetos coletivos: "a sociedade, a coletividade, não produzem ideias verdadeiras, quer dizer, pensamentos claramente fundados. Elas apenas produzem lugares-comuns e não existem senão através deles" (ORTEGA Y GASSET, 2008 p. 241, tradução nossa).

A discussão sobre a sociedade de massa evolui de um tom alarmista, no século XIX, para uma atitude de mal-estar e desprezo no início do século XX, traduzindo-se depois numa postura neutra ou vazia em meados desse século. Apesar da diversidade das formulações teóricas em torno do conceito, ele mantém alguns traços comuns, conforme sistematização de Blumer (1978a): a massa refere-se a um conjunto heterogêneo de indivíduos; é um conjunto anônimo, composto de pessoas que não se conhecem e exercem entre si poucas influências recíprocas;

dispõe de organização frágil; é marcada pela dissolução e fragmentação dos laços, pela perda das tradições, pelo isolamento físico e normativo dos indivíduos.

Conforme a análise de Wright Mills (1975), na massa é pequeno o número de pessoas que expressa opinião; predominam as comunicações centralizadas e organizadas, às quais é quase impossível responder. A massa é controlada por autoridade; não tem autonomia em relação às instituições e tem um comportamento de resposta. Na nova realidade midiática que se inaugura no limiar do século XX, são os novos meios de comunicação – o jornal, o rádio, o cinema – que vão dar a identidade do homem massa, que vão lhe dizer quem ele é. Assim, o conceito de sociedade de massa se ajusta bem à perspectiva behaviorista (de estímulo-resposta), configurando tanto o papel – de estímulo – dos meios quanto a natureza – reativa – da audiência.

A mistura desses diferentes referenciais teóricos teceu o pano de fundo da Mass Communication Research, que privilegiou o desenvolvimento de dois eixos principais: o estudo das funções sociais exercidas pelos meios de comunicação de massa; o estudo dos efeitos provocados pelos meios nas audiências.[8]

Funções da comunicação

A análise funcionalista ocupa-se em examinar as consequências dos fenômenos sociais que afetam o funcionamento normal, a adaptação e o ajuste de um sistema, seja ele de ordem individual, grupal, ou sistemas sociais e culturais. A comunicação de massa, enquanto processo social já estabelecido e institucionalizado, constitui um fenômeno apropriado para a

---

[8] Também as análises de conteúdo foram amplamente desenvolvidas no âmbito da Mass Communication Research. Associadas, sobretudo, ao nome de Bernard Berelson, elas dizem respeito a uma metodologia de análise descritiva dos conteúdos manifestos das mensagens e foram desenvolvidas articuladas com as pesquisas de audiência (estudos dos efeitos).

análise funcional. Dentro dessa perspectiva, a questão formulada pelos pesquisadores foi:

> Quais são as consequências – para os indivíduos, os pequenos grupos, os sistemas sociais e culturais – de uma forma de comunicação que se dirige a audiências amplas, heterogêneas e anônimas, pública e rapidamente, utilizando para este fim uma organização formal complexa e cara? (WRIGHT, 1985, p. 72)

Vários pesquisadores se empenharam em responder a essa pergunta, apontando tanto as funções (as consequências positivas para o funcionamento normal de um sistema), quanto as disfunções (consequências negativas, que comprometem o bom funcionamento do sistema) dos meios de comunicação na sociedade. Para Wright, ambas devem ser objeto de atenção e cuidado do pesquisador, destacando ainda que uma e outra, funções e disfunções, tanto podem ser manifestas (evidentes) quanto latentes (levando certo tempo para se evidenciar, ou necessitando de um exame mais acurado).

O cientista político Harold Lasswell, em artigo publicado em 1948 (LASSWELL, 1978), indica as três funções básicas da comunicação: a) a vigilância sobre o meio ambiente; b) a correlação das partes da sociedade; c) a transmissão da herança social de uma geração para outra. Uma quarta função é acrescentada posteriormente por Wright: o entretenimento – completando o que seriam as principais funções exercidas pelos meios.

A vigilância se refere à coleta e circulação de informações sobre os acontecimentos que concernem a um dado grupo social, acontecimentos internos ou externos a uma sociedade, que afetam o seu funcionamento. Essa função corresponde ao processo de circulação de notícias e pode ser melhor nomeada como *função informativa*. No âmbito da comunicação de massa, ela é cumprida prioritariamente pelo jornalismo (pelos jornais, revistas, agências de notícias). Certos setores são particularmente "vigiados" pela mídia – as ações governamentais, a operação das bolsas de valores, o quadro ecológico. Uma baixa ou queda nas bolsas é rápida e intensamente noticiada. Da mesma maneira, um desastre ecológico – o derramamento de óleo no mar, a matança de espécies animais ameaçadas são notícias divulgadas por todos os jornais.

A correlação das partes da sociedade diz respeito ao trabalho de interpretação das informações sobre acontecimentos importantes para a vida de uma sociedade, assim como às prescrições e orientações de conduta em reação a esses acontecimentos. Compreende o trabalho de tratamento e inserção das informações dentro de um determinado quadro de valores, de forma que elas se convertam em um instrumento de liame social. Poderíamos traduzi-la como *função de integração*, que acontece seja através dos editoriais jornalísticos, propagandas e campanhas publicitárias e institucionais, assim como através dos diversos produtos midiáticos que criam estados de opinião, compartilhamento de valores e perspectivas, sentimentos de pertencimento e mobilização para ações. O alcance nacional da Rede Globo é ressaltado por inúmeros estudiosos como importante fator de integração nacional; acontecimentos como a Copa do Mundo de Futebol, Olimpíadas, ou grandes catástrofes também são objeto de grande cobertura midiática, intensa discussão e envolvimento popular e se convertem em fatores de integração.

A transmissão da herança social inclui as atividades destinadas a comunicar o legado cultural de uma geração a outra, ou dos membros estáveis de um grupo aos seus novos membros. Esta atividade se identifica como *função educativa*. Se, na modernidade, a instituição escola se desenvolveu como a principal responsável pelo cumprimento dessa função, cada vez mais, na contemporaneidade, a mídia vem tomando a dianteira na tarefa de transmissão e compartilhamento de narrativas e imagens que compõem a tradição cultural de um povo e visam sua socialização. Programas infantis têm particularmente essa função, assim como algumas minisséries televisivas de caráter histórico, publicações temáticas especializadas. Mais recentemente, a internet se coloca como meio de consulta e disseminação de conhecimentos imprescindível.

A *função de entretenimento ou recreativa* se refere à comunicação primordialmente destinada à distração das pessoas. Grande parte da programação midiática (sobretudo, televisiva) cumpre essa função, independentemente de outras funções que possa também exercer.

Naturalmente, as funções não são excludentes; determinados produtos midiáticos podem atender prioritariamente uma função e, paralelamente, desempenhar também outras. Uma telenovela, por exemplo, em princípio cumpre uma função de entretenimento; com muita frequência, ao provocar modismos, suscitar discussões, processos de identificação e interferir na pauta cotidiana da sociedade, ela está também (e às vezes com muita força) desempenhando uma função de integração ou mesmo educativa.[9] Um jornal, às vezes, pode cumprir mal sua função informativa, mas servir como produto recreativo (propiciar antes uma distração que realmente uma atualização).

A análise das funções, portanto, está ligada à análise de seu conteúdo relacionado com o quadro de necessidades de uma dada sociedade ou grupo de audiência.

Vários outros autores agregaram novas funções: uma função comercial tanto pode ser destacada e tratada separadamente quanto lida no interior da função informativa (transmissão de informações que possibilitam e incentivam as trocas econômicas). Os sociólogos Paul Lazarsfeld e Robert Merton (1978), entre as diversas funções preenchidas pelos meios, destacam duas funções, atribuição de *status* e execução das normas sociais. Apontam também uma disfunção, que é a disfunção narcotizante. Essas funções não se acrescentam às anteriores (à tipologia de Lasswell), mas constituem uma outra maneira de analisar e ressaltar quais seriam as principais funções desempenhadas pela mídia no seu tempo.

---

[9] São comuns os modismos desencadeados pelas novelas, que funcionam como elementos integradores em todos os cantos do país – a novela *O clone* (2001-2002) despertou uma febre em torno da dança do ventre e de adereços árabes. Em alguns momentos, as novelas também se empenham em campanhas de cunho educativo, como a prevenção do câncer de mama, a partir da novela *Mulheres apaixonadas* (2003).

A *função de atribuição de status* se refere ao papel dos meios para conferir não apenas visibilidade, mas, através desta, também destaque e importância para questões públicas, propostas, acontecimentos, pessoas, organizações e movimentos sociais:

> Tanto a experiência comum quanto a pesquisa comprovam que o prestígio social de pessoas ou de políticos sociais começa a elevar-se quando elas dispõem de uma imagem favorável nos meios de comunicação. Em muitos lugares (por exemplo), o apoio do *Times* a um candidato político, ou a uma política de âmbito nacional, é considerado significativo e encarado como nítida vantagem em favor do candidato ou da política (LAZARSFELD; MERTON, 1978, p. 236).

Nos dias atuais, programas como os *reality shows* (*Big Brother Brasil*, entre outros) expressam o desejo de centenas e milhares de candidatos que esperam, com a visibilidade alcançada em tais programas, serem alçados ao patamar dos "famosos".

A *função de execução ou reiteração das normas sociais* diz respeito ao papel dos meios para denunciar desvios e situações discrepantes dos valores vigentes e, por esse processo, provocar reações de defesa e reforço dessas mesmas normas (a correção do desvio). Conforme Wright (1985),

> A comunicação de massas possui uma função moralizante (*ethicizing*) quando reforça o controle social sobre os membros individuais da sociedade de massas ao expor publicamente todo desvio de sua conduta, como em certas "cruzadas" jornalísticas. Os fatos sobre a violação de normas talvez já fossem conhecidos por numerosos membros da sociedade, mas a revelação pública através da comunicação de massas cria as condições sociais sob as quais uma grande maioria deve condenar as violações e apoiar as normas de moralidade pública, bem como as privadas (p. 81).

Como exemplo, citamos as denúncias de corrupção na política, que ensejam medidas punitivas e o comprometimento da imagem pública dos envolvidos.

A *disfunção narcotizante*, por sua vez, diz respeito ao risco de que o excesso de informação conduza à apatia das massas; de que o estar informado converta-se numa atitude substituta da necessária intervenção dos cidadãos nos destinos de sua sociedade. O cidadão bem-informado acaba confundindo seu alto nível de interesse e informação sobre a realidade com sua baixa participação efetiva, "acaba confundindo conhecer os problemas do momento com fazer algo a seu respeito" (LAZARSFELD; MERTON, 1978, p. 241).

Wright aponta outras disfunções (latentes ou manifestas), como o controle da informação para a manutenção do poder de um determinado grupo; a transmissão indiscriminada de informações ou falta de censura (filtro), que pode provocar mudanças indesejadas; o risco de convulsões e pânico decorrente de uma má interpretação das informações,[10] entre outras.

Diversos autores apresentaram nomeações e classificações específicas das funções.[11] O importante na compreensão dessa perspectiva não é esgotar elencos possíveis, mas resgatar o eixo analítico desse enfoque, o tipo de abordagem que ele proporciona: o estudo das funções busca analisar o papel dos meios de comunicação na perspectiva das *necessidades* da sociedade e dos indivíduos – do bom funcionamento do sistema social.

Efeitos da comunicação

Paralelamente e de forma combinada ao estudo das funções – e constituindo, sem dúvida, o filão privilegiado da Mass Communication Research – situa-se a vertente de estudos

---

[10] Este risco é bem ilustrado pelo célebre exemplo do programa radiofônico *A invasão de Marte*, produzido por Orson Welles, que foi ao ar na noite de 30 de outubro de 1938: tendo sido tomado por grande parte da audiência como um boletim informativo, provocou pânico e inclusive reações de fuga e defesa em cerca de um milhão de pessoas em várias partes dos Estados Unidos (veja-se artigo de Hadley Cantril, 1985).

[11] No jornalismo, o seu papel investigativo, levado a um certo paroxismo nos EUA em uma determinada época, foi chamado de função "cão de guarda".

sobre os efeitos dos meios de comunicação de massa. A grande maioria das pesquisas desenvolvidas pelos americanos procurava não apenas identificar os efeitos provocados pelos meios, mas também, e, sobretudo, indagar *como* os meios provocam efeitos; como eles operam para influenciar, persuadir, mudar atitudes e induzir comportamentos. Conforme ressaltado, essa ênfase respondia a dois tipos de preocupação: uma preocupação ética, ou moral, com respeito à influência dos novos meios de comunicação no quadro de valores sociais, e uma preocupação de cunho utilitário, na perspectiva do uso político e comercial da comunicação.

Os estudos sobre funções e efeitos, embora próximos, se distinguem pelo tipo de pergunta formulada e por seu recorte analítico. A análise das funções pergunta pelo papel que os meios de comunicação desempenham na sociedade, tendo em vista as necessidades do corpo social, e busca suas respostas através de uma abordagem teórica mais abrangente (uma reflexão sobre o papel e os problemas da comunicação), bem como da análise dos produtos (das mensagens) veiculados pelos meios. O estudo dos efeitos pergunta sobre como os indivíduos são afetados e tem em vista a própria relação causa-efeito; nesse sentido, o foco analítico se volta para o âmbito da recepção, a fim de perceber as mudanças individuais de opinião, atitude, comportamento. A linhagem das pesquisas empreendidas é muito ampla, incluindo tanto estudos experimentais (de laboratório) sobre o comportamento e reações dos indivíduos quanto grandes pesquisas empíricas de audiência (tipo *survey*), de viés sociológico.

A pergunta de fundo dos estudos dos efeitos diz respeito ao poder dos meios, à sua maior ou menor capacidade de afetar e modificar os indivíduos. As respostas a essa pergunta variaram ao longo dos anos, oscilando da onipotência à relativização. É importante perceber que essa oscilação não se deveu apenas à perspectiva e aos instrumentos metodológicos deste ou daquele pesquisador, mas refletiu em grande medida mudanças nas conjunturas nacional e internacional vividas pelos EUA (momentos de crise reforçavam a perspectiva do poder dos meios;

períodos de estabilidade sugeriam uma capacidade mais branda de intervenção).

Para uma melhor apresentação desse percurso, buscaremos distinguir etapas ou tipos de abordagem.

A teoria da "agulha hipodérmica" (a onipotência dos meios)

Essa teoria surgiu no período entreguerras, nos anos 1920 e 1930, e ainda sob o impacto da propaganda política desencadeada intensivamente na Primeira Guerra Mundial, quando os fins (a adesão da população civil ao esforço da guerra) justificavam os meios – e todos os recursos persuasivos foram utilizados tanto para acentuar o amor ao país como para criar o ódio ao inimigo.[12] O impacto da propaganda de guerra sugeria uma intensa e assustadora capacidade de intervenção dos meios – estabelecendo a analogia com a seringa de injeção (a capacidade de inocular conteúdos no organismo).[13]

Trata-se de uma teoria bastante simples, baseada na psicologia dos instintos, segundo a qual o comportamento humano é herdado (está inscrito) nos mecanismos biológicos do indivíduo e, portanto, tem uma natureza não racional. Se a questão dos comportamentos e reações humanas é definida pela estrutura biológica dos sujeitos, isso significa que estes agem instintivamente – e, assim, de maneira mais ou menos uniforme (seria um comportamento da espécie). Essa visão fundamenta os dois pressupostos articulados pela teoria da

---

[12] A expressão "agulha hipodérmica" foi criada por Harold Lasswell. Sua obra *Propaganda Technique in the World War* (1927), dentro de uma perspectiva behaviorista, defendia o uso das técnicas comunicacionais pelo governo para guiar mentalmente as populações (massas inertes e indefesas) em prol da democracia (ver RODRIGUES, 2011, p. 170-173).

[13] Os *mass media* constituíam "uma espécie de sistema nervoso simples, que se estende para tocar cada olho e cada ouvido, numa sociedade caracterizada pela escassez de relações interpessoais e por uma organização social amorfa" (KATZ; LAZARSFELD, 1955, p. 4 *apud* WOLF, 2003, p. 11).

agulha hipodérmica: a onipotência dos meios, a vulnerabilidade das pessoas. O comportamento dos indivíduos frente aos meios se configura dentro do esquema simples e mecânico do estímulo-resposta: os meios estimulam, os indivíduos reagem de forma semelhante, mecanicamente.

Naturalmente, essa teoria, baseada na observação e no impacto da situação pós-guerra, não resistiu aos investimentos científicos que se seguiram. Ao longo da década de 1940, as várias pesquisas empreendidas não confirmam a influência direta dos meios, mas, ao contrário, apontam que, para além dos meios, as reações dos indivíduos são atravessadas por variáveis[14] tanto de ordem psicológica quanto social. Passa-se, assim, de uma leitura da onipotência dos meios para uma etapa que foi chamada de "efeitos limitados" (cf. WOLF, 1995).

As pesquisas experimentais: diversidade de estímulos e respostas

Uma das vertentes que levaram à superação da teoria da "agulha hipodérmica" foi a das pesquisas experimentais voltadas para os fenômenos psicológicos individuais que intervêm nos processos comunicativos. Esses estudos estão relacionados principalmente ao nome de Carl Hovland, pesquisador junto ao Information and Education Divison do exército americano durante a Segunda Guerra Mundial.[15]

Essa perspectiva não questiona a matriz Estímulo-Resposta, mas busca compreender o que ocorre entre o E e a R, dando-se conta de que esse processo obedece a uma lógica bem mais complexa do que descrito pelas leituras anteriores. Dois avanços podem ser aqui contabilizados: primeiramente, a ideia de instinto (resposta instintiva) cede lugar à identificação de respostas

---

[14] "Variáveis" são aspectos ou fatores móveis de uma situação, que podem influir na sua configuração e desdobramento.

[15] Carl Hovland posteriormente foi diretor do Departamento de Psicologia da Universidade de Yale.

distintas emitidas por indivíduos dotados de personalidades diferentes. Em segundo lugar, também a ideia de um estímulo é substituída por uma estrutura de causas; os efeitos são resultados da intervenção de vários fatores atuantes. O processo, consequentemente, se configura mais complexo, tornando necessário avançar no conhecimento dos fatores intervenientes, de forma a possibilitar o controle do processo e a eficácia das mensagens.

As variáveis intervenientes compreendem as diferentes características da fonte (emissor), da mensagem, do meio e da audiência. A imagem e o desempenho do emissor interferem diretamente no efeito de uma comunicação: sua maior ou menor credibilidade (e reconhecimento) junto à audiência, assim como o seu efetivo desempenho numa situação comunicativa são elementos que alteram o maior ou menor efeito que poderá obter.

No que diz respeito à mensagem, os estudos procuraram testar a forma *ótima* de construção da argumentação. Um primeiro aspecto enfatizado foi a questão da ordem da argumentação. Numa mensagem que contém argumentos pró e contra uma determinada questão, buscou-se identificar se são mais eficazes as argumentações iniciais a favor de uma posição (efeito *primacy*) ou se são mais eficazes as argumentações finais de apoio à posição contrária (efeito *recency*) – ou seja, se a persuasão se relaciona mais com o início ou com o fim de uma exposição. No que diz respeito à conveniência de maior ou menor exposição da integralidade da argumentação concernente a um assunto controverso, pesquisou-se o que seria mais eficaz para modificar a opinião de uma audiência: apresentar a controvérsia (expor o embate de opiniões) ou apresentar apenas a opinião desejada (objeto do processo de convencimento). Um terceiro aspecto refere-se à explicitação das conclusões: o que é mais eficaz: uma mensagem que apresenta explicitamente suas conclusões ou aquela que apenas sugere e conduz os destinatários a extraí-las? As pesquisas não conseguiram chegar a resultados definitivos sobre nenhum desses aspectos – embora tenham avançado no conhecimento dos processos persuasivos e possibilitado a construção de algumas "generalizações" (por exemplo, em tal situação, tal encadeamento traz melhores resultados).[16]

Com relação aos meios, os estudos de Hovland e outros pesquisadores indicaram a diferença de eficácia dos meios (rádio, jornal, revista, livro, cinema) ou de como cada um pode ter sua especialidade (para atrair, informar, mudar a opinião, mudar a atitude). Mas também aqui os resultados discrepantes não permitiram conclusões finais.

Com relação às características da audiência, as pesquisas vieram matizar a natureza dos efeitos – que já não podem ser vistos como um resultado monolítico (um comportamento x), mas como um processo composto por várias fases, ou atravessando vários filtros: o interesse dos receptores; a exposição seletiva (os indivíduos não se expõem aleatoriamente ou de forma completamente aberta aos vários meios e mensagens: eles escolhem as mensagens que querem receber); a percepção seletiva (dentro de uma mensagem recebida, os indivíduos apenas prestam atenção e apreendem alguns elementos, de acordo com seu interesse, negligenciando ou simplesmente não se dando conta de outros); a memorização seletiva (entre os elementos percebidos, apenas alguns são retidos).

DeFleur e Ball-Rokeach (1993) sintetizam a conclusão desses estudos através do modelo psicodinâmico da persuasão: a) uma mensagem persuasiva b) atua/altera processos psicológicos latentes dos receptores c) alcançando transformações na ação manifesta. Em outras palavras: mensagens não são estímulos suficientes em si mesmas, mas ganham sua eficácia se e quando bem combinadas com o quadro e as disposições psicológicas da audiência. Meios atuam na posição dos receptores – os comunicadores devem atuar, de certa maneira, como um psicólogo das massas, diagnosticando e trabalhando os estados mentais daqueles a quem pretendem persuadir.

---

[16] Exemplo: para convencer alguém que inicialmente já tem uma posição contrária àquela que se quer passar, a apresentação da integralidade da argumentação (argumentos pró e contra) é mais eficaz; para quem desconhece a polêmica, é mais seguro abster-se de explorar as posições contrárias.

Processos de influência e características socioculturais

De forma paralela, e promovendo constantes cruzamentos com as pesquisas experimentais, desenvolveram-se as pesquisas empíricas (de campo), de orientação sociológica. O nome de referência aqui é o sociólogo Paul Lazarsfeld, da Universidade de Columbia,[17] que nos anos 1940 e 1950 promoveu intensos e ininterruptos estudos sobre comportamento de audiência. Uma das características desses estudos (e uma grande distinção com relação aos estudos experimentais, que criavam situações de laboratório) é que eles pesquisavam situações reais – como campanhas eleitorais, audiência de programas radiofônicos.[18] Conforme Wolf, o mérito das pesquisas sociológicas foi "associar os processos de comunicação de massa às características do contexto social em que esses processos se realizam" (WOLF, 1995, p. 42).

Se a teoria da agulha hipodérmica falava em manipulação, e as pesquisas experimentais em persuasão, os estudos sociológicos falam em influência – seu objetivo era compreender como se dão os processos de decisão no âmbito da sociedade, quais são as influências que atravessam as relações sociais e moldam o comportamento dos grupos. Nesse contexto de indagação, os meios de comunicação constituem apenas um dos eixos de influência.

Essa abordagem parte da compreensão de que os indivíduos vivem em relações, fazem parte de grupos e estão inseridos em categorias sociais (como faixa etária, orientação sexual, nível socioeconômico), e todos esses aspectos atuam nos processos de decisão. Dois aspectos são enfatizados por estas teorias: a composição diferenciada dos públicos; as mediações que caracterizam o consumo dos meios de comunicação.

---

[17] O sociólogo austríaco Paul Lazarsfeld, foi certamente o maior expoente da pesquisa americana em comunicação na primeira metade do século XX; foi presidente da American Association for Public Opinion Research e diretor do Bureau of Applied Social Research.

[18] Trabalhos clássicos de Lazarsfeld: *Radio and Printed Page: An Introduction to the Study of Radio and Its Role in the Communication of Ideas* (1940), *The People's Choice* (1944), *Personal Influence* (1955).

Na análise do consumo e da relação com a mídia, buscou-se estabelecer uma correlação entre a localização de um determinado grupo dentro da organização social (na vida social, os indivíduos se localizam dentro de divisões, estão submetidos a fatores como renda, educação, religião) e seus hábitos de consumo e preferência. A metodologia de pesquisa buscava combinar uma análise dos conteúdos dos programas com as características de suas audiências.

Ao mesmo tempo, as pesquisas procuraram identificar como se dá o processo de influência da mídia: a mídia atua diretamente? A mídia por si só é capaz de mudar a opinião e o comportamento das pessoas? Essas questões foram testadas principalmente em dois grandes estudos desenvolvidos por Lazarsfeld, durante as campanhas eleitorais para a presidência dos EUA, em 1940, no distrito de Erie County (Ohio), e em 1948, em Elmira (Nova York). Os resultados desses estudos apontavam a existência das mediações sociais que atravessam a interferência dos meios: os meios não atuam diretamente, e sua influência é filtrada/direcionada pelo contexto social e pelos grupos intermediários em que os indivíduos estão inseridos. Tal perspectiva se contrapõe às pesquisas de cunho estritamente psicológico, na medida em que afirma que os efeitos não podem ser atribuídos (nem explicados) exclusivamente por fatores individuais, mas devem ser compreendidos a partir da rede de relações em que os indivíduos estão inseridos.

A pesquisa em Erie County ressaltou, sobretudo, o papel dos líderes de opinião, conforme narrado por Lazarsfeld:

> Estudamos em 1940 o papel dos meios de comunicação coletiva nas decisões de votar, durante uma campanha presidencial. Para nossa surpresa, verificamos que sua ação era muito reduzida. Pareceu-nos que, quanto a suas opiniões políticas, as pessoas eram muito mais influenciadas pelo contato direto com outras pessoas – familiares, amigos, vizinhos e companheiros de trabalho (LAZARSFELD, 1964, p. 88).

Enfatizando as vantagens das comunicações face a face sobre os meios de comunicação coletiva, o autor continua:

> Verificamos que certas pessoas que denominamos "líderes de opinião" têm especial propensão para exercer essa influência pessoal. Ao contrário do que se pensava, tais líderes não se encontravam particularmente nas classes mais cultas ou entre as pessoas de maior prestígio da comunidade, mas distribuíam-se de forma bastante equilibrada por todas as classes e profissões. Eram, entretanto, pessoas mais interessadas pelas eleições do que os cidadãos normais e consideravelmente mais expostas ao rádio, jornais e revistas. Admitiu-se então que o fluxo das comunicações seguia dois estágios: do rádio e imprensa aos líderes de opinião e destes aos membros menos ativos da população (LAZARSFELD, 1964, p. 89).

O conceito de fluxo em duas etapas (*two-step flow*) foi e continua sendo muito importante na compreensão da dinâmica de influência dos meios e no papel dos mediadores, e estimulou estudos e intervenções voltados para o trabalho junto aos líderes de opinião (eles seriam o melhor canal para chegar – e influenciar – a massa).

O estudo em Elmira, realizado na campanha eleitoral de 1948, trouxe novos elementos, ressaltando, sobretudo, a tendência dos líderes a procurar conselho e informações com outras pessoas, participar de um maior número de organizações e se expor com maior frequência aos meios de comunicação coletivas.

> Isto sugere importante modificação na hipótese original: não se trata apenas de um fluxo em dois estágios – dos meios de comunicação coletiva, através dos líderes de opinião, para o público em geral –, mas antes de um fluxo em múltiplos estágios – dos meios de comunicação coletiva, através de vários líderes de opinião que se comunicam entre si, para os outros seguidores (LAZARSFELD, 1964, p. 90).

Em síntese, essa etapa da pesquisa sobre os efeitos dos meios de comunicação veio desviar as pesquisas de um eixo excessivamente individual e relativizar sobremaneira o poder de intervenção dos meios, destacando as mediações efetuadas pela situação social, pelos grupos de pertencimento e pelo filtro dos líderes de opinião. Essas pesquisas não chegaram a desqualificar totalmente o poder dos meios, mas indicaram que se trata de um poder apenas suplementar: os meios podem atuar na definição e enfoque dos significados atuantes, reforçar intenções, ativar predisposições, mas não atuam sozinhos.

Conforme apontado por Lazarsfeld e Merton (1978), a utilização dos meios de comunicação para alcançar mudança no comportamento de uma sociedade (os autores falam em "propaganda com objetivos sociais") deve combinar algumas condições:

a) monopolização: uma propaganda é eficaz quando não é confrontada com nenhuma oposição crítica na esfera dos meios de comunicação (inexistência de contrapropaganda);

b) canalização: em vez de buscar mudar ou se contrapor aos valores básicos da sociedade onde vai atuar, a propaganda deve canalizar atitudes e padrões de comportamento preexistentes;

c) suplementação: uma propaganda atinge melhor seus objetivos quando é suplementada através de contatos pessoais.

As conclusões dessa etapa foram sintetizadas por Klapper (1978),[19] através de algumas "generalizações" que estabelecem o patamar da compreensão alcançada pelas pesquisas: a comunicação de massa não seria uma causa necessária e suficiente dos efeitos de audiência, mas atua entre e através de um conjunto de fatores e influências mediadoras; os meios desempenham antes um papel de agente colaborador, sendo mais adequados para reforçar um estado de opinião do que para mudar; os meios podem funcionar a serviço da mudança desde que os fatores mediadores não estejam atuando, ou estejam também impelindo para a mudança; existem exceções, e em algumas situações os meios podem exercer uma influência direta.

Realçando a natureza ainda imperfeita e pouco desenvolvida de suas generalizações, Klapper (1978, p. 173) aponta um

---

[19] Trabalho publicado originalmente em 1957, na revista *Public Opinion Quartely*.

caminho de trabalho que não é das "teorizações abstratas" nem das respostas simplistas – mas a perspectiva que ele chama de "aproximação fenomênica". A análise de um fato deve estar atenta às diferentes influências que o produzem; os receptores devem ser tomados como pessoas que agem em contextos sociais específicos e onde a análise da influência da mídia não pode prescindir da incorporação dos fatores "extramídia".

A teoria matemática e o paradigma informacional

Produzido em outro campo, e de forma periférica às pesquisas sobre a mídia, um trabalho relativamente restrito – *A Teoria Matemática da Comunicação*, publicado em 1948 – ganhou um relevo particular no campo científico da comunicação, pelo papel paradigmático que veio desempenhar. As pesquisas da comunicação já se encontravam bastante desenvolvidas naquele momento, e o trabalho de um matemático e um engenheiro (C. Shannon e W. Weaver, respectivamente) veio organizar e sistematizar a compreensão do processo comunicativo, pois ele tratava exatamente de um "modelo" para a comunicação. Os dois autores trabalhavam para a Bell Telephone Company e produziram um pequeno estudo sem grandes pretensões (não mais que um documento de trabalho visando a melhorar o sistema de telefonia norte-americano). Pela sua clareza e organização, mas, sobretudo, porque expressava e dava forma à concepção de comunicação que estava subjacente no tratamento dado aos meios de massa nos estudos empreendidos (atendendo muito bem a seus objetivos), o modelo de certa maneira veio apresentar e legitimar o paradigma da área – que ficou conhecido como "paradigma informacional".

Assim, os nomes de Shannon e Weaver, apesar do caráter pontual e específico de seu trabalho, acabaram merecendo um lugar de destaque no elenco dos estudos produzidos pelos americanos, em razão da contribuição da Teoria Matemática da Comunicação para a sistematização do processo comunicativo (uma contribuição, portanto, no nível da formalização, da construção de um modelo formal para tratar da comunicação).

Esse modelo se inscreve em uma determinada perspectiva – que era a da eficácia da transmissão de informações – e, em princípio, não se propunha a dar conta de toda a problemática que envolve a comunicação. Na apresentação da proposta, Weaver (1978) registra inclusive que, na comunicação, podem ser identificados três níveis de problemas:

– problemas semânticos, que dizem respeito à interpretação dos sentidos envolvidos na comunicação;

– problemas pragmáticos, que estão ligados ao comportamento das pessoas, aos efeitos desencadeados no que diz respeito às atitudes dos interlocutores;

– problemas técnicos ou operacionais, relativos à transmissão.

Embora esses três níveis sejam interligados, Weaver adverte que a Teoria Matemática da Comunicação busca dar respostas ao terceiro tipo – aos problemas técnicos. Tomando a comunicação como transmissão de informação de uma fonte até um destinatário, através de um canal, sua preocupação se dirige às condições de transporte, à otimização da transmissão, conforme ilustrado pela metáfora apresentada pelo autor:

> Uma teoria técnica ("engineering theory") da comunicação é como uma funcionária muito eficiente e discreta dos Correios e Telégrafos ao passar nosso telegrama. O significado não a preocupa, seja ele triste, alegre ou embaraçoso, mas ela tem que saber encaminhar adequadamente todas as mensagens que passam por suas mãos (WEAVER, 1978, p. 35).

Essa teoria, originalmente, desenvolveu-se como um sistema de base matemática, destinado a estudar os problemas de transmissão de mensagens por canais físicos. Seu objetivo é medir a quantidade de informação suportável por um dado canal, em dadas circunstâncias (tempo, custo); prever e corrigir as distorções passíveis de ocorrer durante a transmissão.

O modelo construído pelos autores, portanto, reflete e traduz essa questão; é um modelo que busca atender às preocupações contidas no problema com o qual eles se defrontavam. Como já dissemos acima, não tinha, em princípio, a pretensão de representar a comunicação de uma maneira geral. Foi apresentado através do seguinte esquema:

```
mensagem                                              mensagem

Fonte → Transmissor → Canal → Receptor → Destinatário

                      ↑    ↑    ↑

                     Sinal  Sinal

                         Ruído
```

Este modelo especifica tanto os componentes do processo (a fonte, o transmissor, o canal, o receptor e o destinatário) quanto seu encadeamento e sua lógica operatória. Cada elemento desempenha uma função específica e ocupa um lugar determinado na sequência do processo:

– A *fonte* é quem inicia o processo; é ela que escolhe a mensagem e seleciona a informação. No caso de um telegrama, por exemplo: a fonte é aquela pessoa que toma a iniciativa de passar um telegrama, que define o teor de sua mensagem. Se tomamos uma determinada prática midiática, como um jornal televisivo, normalmente não há uma fonte única, mas coletiva: no lugar da fonte encontramos o jornalista, mas também o fotógrafo, o editor, entre outros;

– O *transmissor* converte a mensagem num sinal apto a ser processado através do canal: ele codifica a mensagem, coloca-a no código adequado para ser transmitida. No exemplo do telegrama, o transmissor é o agente do correio que envia a mensagem. No caso do telejornal, poderíamos dizer que o transmissor é o apresentador do jornal. A diferença entre a fonte e o transmissor é uma diferença de função, de papel: a fonte seleciona a informação; o transmissor coloca em código, tornando-a apta a ser transportada. Em algumas situações, a fonte e transmissor correspondem à mesma pessoa (um professor que define o conteúdo e ministra uma aula aos alunos);

– O *canal* é o veículo que transporta a mensagem. Ele diz respeito tanto ao suporte técnico (a folha de papel onde se imprimem as notícias; o equipamento televisivo que capta e coloca as imagens no ar) quanto ao ambiente físico (o ar, o lugar onde se processa a comunicação, como uma sala de aula, o palco de um teatro);

– O *receptor* capta o sinal e decodifica a mensagem. O agente de correio que recebe a mensagem telegráfica enviada pelo primeiro e a envia ao destinatário; o aparelho de televisão em nossa casa são exemplos de receptores;

– O *destinatário*, finalmente, é aquele a quem se dirige a informação; aquele para quem a fonte enviou sua mensagem. Também aqui, em várias situações receptor e destinatários podem se fundir. Numa comunicação interpessoal, receptor e destinatário são a mesma pessoa.

– Quanto ao *ruído*, não se trata propriamente de um elemento do processo, mas são perturbações que podem ocorrer, comprometendo a qualidade da transmissão. Se o modelo visa à eficácia do processo, o ruído é um problema que deve ser previsto e evitado. Ele é o fator indesejável, que compromete a comunicação: uma distorção na imagem; uma palavra desconhecida, a intervenção de um barulho.[20]

– Por último, é importante falar também de um novo elemento – ou movimento – previsto pelo modelo, que é o *feedback* ou retroalimentação, referindo-se ao "retorno" proporcionado pelo destinatário. Após o recebimento, o destinatário envia sinais à fonte que indicam a forma de sua recepção. Esse retorno realimenta a fonte, mantendo a cadeia. É importante, no entanto, não identificar o *feedback* com uma nova emissão – pois falta-lhe a autonomia da fonte. Ele tem uma natureza de resposta e não chega a caracterizar um lugar de escolha. Nesse modelo, o *fe-*

---

[20] O ruído pode ser de natureza técnica (uma falha no sinal) ou semântica (da ordem da significação).

edback atende à necessidade de um maior controle da eficácia do processo.[21]

Após a indicação dos elementos básicos do processo, e de seu encadeamento, é necessário ainda resgatar certas bases conceituais que especificam a natureza da comunicação aqui definida. A lógica desse modelo está assentada numa concepção específica de informação. *Informação* aqui não se refere a um conteúdo, um significado – mas diz respeito a uma propriedade estatística da fonte: "a informação é uma medida de sua liberdade de escolha quando seleciona uma mensagem" (WEAVER, 1978, p. 28). É a capacidade que a fonte tem de escolher uma entre várias alternativas possíveis. Ela está ligada à incerteza, à dúvida: o que interessa à análise informacional não é o que diz uma mensagem, mas quantas dúvidas ela elimina. Quando uma situação é completamente previsível, nenhuma informação está presente: se William Bonner começa a apresentação do telejornal das 20 horas dizendo: "eu sou o apresentador do Jornal Nacional", esta não é uma informação. Medimos o grau de informação do Jornal Nacional pela quantidade de informações diferenciadas – e imprevistas, desconhecidas – que ele nos apresenta.[22] A taxa de informação de uma mensagem é função de sua originalidade: quanto mais originalidade, menos previsibilidade, mais informação; quanto menos originalidade, mais previsibilidade, menos informação.

Um segundo conceito articulado pelo modelo – e correlato ao de informação – é o de *entropia*. Trata-se de um conceito trazido da Física, que se refere à medida da quantidade de desordem

---

[21] A noção de *feedback* foi apresentada inicialmente por Norbert Wiener, com a publicação de *Cybernetics or Control and Communication in the Animal and the Machine*, em 1949. Wiener falava em comunicação entre sistemas; Shannon, seu ex-aluno no Massachusetts Institute of Technology (MIT), da transmissão de informação (cf. WINKIN, 2001).

[22] Ilustremos com outros exemplos: quando tiramos "cara ou coroa" com uma moeda, a probabilidade de cair uma ou outra é de 50%; se jogamos um dado, a probabilidade de sair qualquer uma das faces é bem menor. Nesse sentido, dizemos que um dado "contém mais informações" que uma moeda. Essa não é uma situação de comunicação, mas nos ajuda a compreender o conceito enquanto medida de grandeza; grau da novidade trazida por uma mensagem escolhida pela fonte.

de um sistema (grau de casualidade ou mistura em uma situação; estado de equiprobabilidade para o qual tendem os elementos de um sistema). Uma situação de total imprevisibilidade, de ausência de organização, de quebra das estruturas conhecidas, é uma situação marcada por alto grau de entropia. Uma estrutura informacional muito entrópica não alcança a comunicação (o discurso de um doente mental ou de um extraterreno trariam uma incerteza máxima – e dificilmente poderiam estabelecer uma comunicação). Assim, a imprevisibilidade e a originalidade que caracterizam a existência da informação devem estar contidas dentro de certos limites. Na Teoria da Informação, os extremos se tocam: total previsibilidade, nenhuma informação; total imprevisibilidade, nenhuma informação.

O contrário da entropia ou sua ausência é a *redundância*. Para garantir a transmissão de uma mensagem, e principalmente para assegurá-la contra possíveis ruídos que possam atravessá-las, é preciso que elas tragam certo grau de repetição. O excesso de redundância cai novamente na queda da informação – donde se conclui pela necessidade do equilíbrio, de um grau adequado de informação.

A contribuição da Teoria da Informação, seu grande "achado" – que explica inclusive sua grande repercussão – foi a construção de um enfoque sistêmico da comunicação. Ela é tratada enquanto um sistema organizado, composto de partes que se articulam de forma linear. Um sistema funciona dentro de uma lógica operacional: tem seus elementos componentes, um encadeamento, um início, um fim, funciona dentro de determinadas leis. Um enfoque sistêmico busca a organização de um fenômeno ou busca alcançar seu modelo de organização, com vistas ao seu controle (por isso, inclusive, o tratamento do ruído e da entropia enquanto elementos a serem eliminados – ou gerenciados). A Teoria Matemática da Comunicação busca a sistematização do processo comunicativo, a organização de seus elementos, a lógica do encadeamento entre eles.

Advêm também desse enfoque as críticas que lhe são dirigidas: esse enfoque sistêmico apresentou uma visão endurecida do processo comunicativo; congelou o lugar e a natureza de seus elementos, em detrimento da compreensão da complexidade e do movimento que poderiam marcar a relação entre eles. Supôs a comunicação como um processo único, que se repete sempre igual, dentro da mesma lógica, da mesma dinâmica. O princípio que pauta os processos de transmissão e recepção (de codificação e decodificação) é o da equivalência. Dentro desse princípio, expeliu tudo que não contribuísse para a eficácia da transmissão, da recepção adequada – não questionando inclusive a ideia da "eficácia". Também não tratou da questão da produção de sentidos, da dimensão simbólica do processo – que é a característica básica da comunicação e que vem distingui-la de outras tantas formas de transmissão mecânica de objetos materiais. Como veremos em outras perspectivas, os limites desse enfoque podem ser sintetizados nesse "mecanicismo" suposto, projetado pelo modelo – que não corresponde ao domínio de nossa humanidade.

Finalmente, é importante acrescentar que esse modelo da Teoria Matemática da Comunicação, conhecido como "paradigma informacional" apenas operacionalizou e deu ares de cientificidade à concepção de comunicação vigente na Mass Communication Research, subjacente aos estudos dos efeitos, que foi também apresentada por Lasswell ao descrever o ato de comunicação através da resposta às seguintes perguntas:

> *Quem*
> *Diz o quê*
> *Em que canal*
> *Para quem*
> *Com que efeito?*
> (LASSWELL, 1978, p. 105).

Essas perguntas traduzem o "modelo de Lasswell" e constituem uma outra formulação do mesmo paradigma – informacional ou transmissivo. Tal concepção de comunicação esteve subjacente e orientou o conjunto das pesquisas da chamada Escola Americana ou tradição funcionalista da Comunicação.

Desdobramentos da Mass Communication Research

As pesquisas sobre os efeitos realizadas nos Estados Unidos na primeira metade do século XX apresentaram desdobramentos nas décadas subsequentes. Estudiosos formados pela geração de Paul Lazarsfeld e seus colaboradores retomaram contribuições e propuseram outras formas de refletir sobre a relação entre a mídia e a sociedade. Entre essas perspectivas, podemos situar a hipótese do *agenda setting*, a teoria dos *usos e gratificações* e a abordagem do *newsmaking*, as quais apresentamos, em linhas gerais, em seguida.

A hipótese do *agenda setting* sugere que a mídia pauta os temas que serão discutidos pelos indivíduos. Não há um marco exato para a emergência dessa abordagem, como explica Barros Filho:

> A ideia central do *agenda setting* já havia sido apontada por muitos quando McCombs & Shaw a apresentaram com esse nome em 1972. Em 1922, Walter Lippmann, em *Public opinion*, já destacava o papel da imprensa no enquadramento da atenção dos leitores em direção a temas por ela impostos como "de maior interesse coletivo". Esse livro de Lippmann, ainda extremamente atual, é, segundo o próprio McCombs, a principal origem doutrinária de sua hipótese, apresentada meio século depois (BARROS FILHO, 2008, p. 174).

Ao estabelecer essa função de agenda dos meios de comunicação, a hipótese muda o olhar sobre a natureza dos efeitos acarretados na sociedade. Como destaca Mauro Wolf (2003), eles passam a ser vistos como consequências a longo prazo, cumulativas e que afetam a construção do entorno cognitivo dos sujeitos. Ou seja, emerge a visão de que os meios participam da construção do estoque de conhecimentos do mundo e atuam, portanto, na própria construção da realidade social.

Dessa forma, para os defensores dessa hipótese, os sentidos instaurados pela mídia constroem uma *realidade de segunda mão* para os sujeitos, construindo e alterando a compreensão que estes têm do mundo. A mídia é vista, assim, como atuando de forma direta – ainda que não imediata – na sociedade, na medida em que se destaca a crescente dependência cognitiva dos indivíduos em relação ao que é veiculado pelos meios (WOLF, 2003, p. 146).

Diferentes estudos empíricos foram realizados na tentativa de testar a hipótese, mas eles encontraram uma série de dificuldades na comprovação científica do agendamento. Entre estas, Barros Filho aponta "a envergadura da amostragem dos receptores em estudo", que "costuma variar entre 150 e 300 indivíduos, número que coloca em dúvida sua representatividade para muitos universos sociais estudados" (2008, p. 180). Além disso, o pesquisador considera que existe uma falta de rigor no uso dos termos, a começar pela própria ideia de agendamento:

> O que é determinação da agenda (*agenda setting*)? Trata-se de dar a conhecer ao receptor (que, não fosse pelos meios, não se inteiraria do fato)? Ou se trata de uma hierarquização temática (quando os meios determinam qual a importância a dar a este ou àquele fato)? Ou, ainda, de impor uma abordagem específica ao fato, enfocando o tema desta ou daquela maneira? Não são raros os estudos que confundem esses três graus de influência na mesma pesquisa (BARROS FILHO, 2008, p. 181).

Dessa forma, sem conseguir comprovação empírica suficiente para se afirmar como uma teoria, o *agenda setting* continua sendo visto como uma hipótese. Hipótese essa que traz contribuições para refletir sobre o modo como a mídia pauta as discussões na sociedade e, ao mesmo tempo, participa da construção social da realidade. Entretanto, é uma hipótese que deve ser levada em conta com cautela, na medida em que pode exagerar a força dos meios de comunicação na definição da agenda e da hierarquia dos temas que a compõem.

Outra abordagem desenvolvida nos Estados Unidos na segunda metade do século XX inverte o fluxo de comunicação e acaba por situar o poder muito mais no âmbito da recepção do que da mídia: a dos *usos e gratificações*. A ideia de efeito é aqui substituída pela de uso, na medida em que essa perspectiva procura apreender os modos como os receptores utilizam os produtos da mídia a fim de atender a suas necessidades. Assim, essa perspectiva entende que o público é composto por um conjunto de usuários ativos em relação ao conteúdo dos meios (Katz; Blumler; Gurevitch, 1985, p. 129).

O grande nome associado a essa perspectiva é Elihu Katz, sociólogo formado na tradição funcionalista norte-americana, que realizou trabalhos em parceria com Lazarsfeld.[23] Em texto originalmente publicado em 1974, Katz, Blumler e Gurevitch retomam alguns dos textos clássicos desenvolvidos na tradição da *Mass Communication Research* e destacam a importância de buscar compreender as necessidades dos indivíduos e como elas são canalizadas para um uso específico dos meios (Katz; Blumler; Gurevitch, 1985, p. 137). Com isso, seria possível encontrar uma vinculação entre as necessidades do público e o uso dos meios de comunicação de massa.

Existem diferentes formas de investigar essa relação entre os usos e suas satisfações pela mídia. A partir do texto de Katz, Blumler e Gurevitch (1985, p. 162), podemos identificar dois eixos gerais: 1) apreender as necessidades e os interesses dos indivíduos, a partir de uma classificação e uma hierarquização dos mesmos, de modo a identificar os conteúdos midiáticos que possam satisfazê-los; 2) analisar o conteúdo dos programas específicos, a fim de inferir as possíveis necessidades que pretendem satisfazer. Dentre as necessidades identificadas pelas pesquisas estão: a de entretenimento (em busca de um escape às tensões do cotidiano); a de relacionamento pessoal (à procura de companhia ou de insumos que possam garantir a conversação e a discussão sociais); a de identificação (em busca de reconhecimento de situações e personagens que possam afirmar e/ou desconstruir questões ligadas à própria vida); a de vigilância (à procura de informações e novidades que possam enriquecer a experiência vivida pelos sujeitos).

---

[23] A pesquisa realizada pela equipe de Lazarsfeld acerca do comportamento de consumidores de moda e formas de lazer, em Decatur, Illinois, contou com a participação de Katz. Os resultados desse trabalho podem ser encontrados na obra *Personal Influence: the part played by people in the flow of mass communications*, publicada em 1955.

Nessa abordagem, portanto, as mensagens produzidas pela mídia têm o intuito de atender a essas e outras necessidades dos indivíduos. Os receptores são vistos como indivíduos ativos e racionais, que identificam suas próprias necessidades e realizam suas escolhas frente ao leque de possibilidades oferecido pela mídia.

Podemos dizer que essa perspectiva traz contribuições ao olhar para o modo como os sujeitos atuam em sua relação com a mídia. Entretanto, há várias dificuldades que são identificadas pelos próprios pesquisadores vinculados à teoria, como a dificuldade de sistematizar e categorizar as necessidades humanas, bem como suas respectivas satisfações pela mídia (KATZ; BLUMLER; GUREVITCH, 1985, p. 147). Além disso, é preciso ter cautela para não tomar os indivíduos de forma isolada e autônoma, movidos por interesses e realizando escolhas de forma racional e independente, e para não minimizar demais o poder da mídia na determinação daquilo que vai ser veiculado e oferecido aos sujeitos.

A terceira perspectiva que pode ser situada entre os desdobramentos da Mass Communication Research, nos EUA, é a conhecida por *newsmaking*, que se volta para o andamento rotineiro dos processos de produção de informações. Com foco no jornalismo, vários estudos foram feitos a partir da década de 1950 recuperando contribuições das pesquisas anteriores e avançando na compreensão da relação entre os meios de comunicação e a sociedade.

O conceito de *gatekeeper* (selecionador) desenvolvido por Kurt Lewin, em texto sobre as dinâmicas dos grupos sociais, publicado em 1947, é retomado em diferentes estudos que procuram perceber o que (ou quem) funciona como cancela ou porteiro em um fluxo de notícias. Segundo Mauro Wolf (2003), entre esses estudos, destaca-se o de David Manning White. Um estudo de caso conduzido por White acerca de um jornalista, com 25 anos de experiência, cujo papel é selecionar notícias de agências que serão publicadas no jornal, permitiu "compreender como ocorre o processo de seleção, tanto quantitativa como qualitativamente" (WOLF, 2003, p. 185). Nessa abordagem, as decisões que orientam o processo de produção das notícias são centradas em um indivíduo (o *gatekeeper*) e, desse modo, o jornalismo é entendido de forma bastante individualizada e determinista. Apesar disso, a aplicação do conceito de selecionador no jornalismo acabou por originar

> uma das tradições mais persistentes e prolíferas na pesquisa sobre as notícias. Na teoria de White, o processo de produção das notícias é concebido como uma série de escolhas, onde um fluxo de notícias tem de passar por diversos "portões" (os famosos *gates*), que são momentos de decisão em relação aos quais o *gatekeeper* (o jornalista) tem de decidir se vai escolher ou não essa notícia, deixá-la passar ou não. O conceito de *gatekeeper* seria altamente influente numa fase do estudo do jornalismo que cobre as décadas de 50 e 60 [...] e continua nos anos 90 a alimentar todo um filão de investigação, embora sem a hegemonia que conseguiu em tempos passados (TRAQUINA, 2003, p. 54).

Estudos posteriores vão impulsionar a passagem da ênfase na dimensão individual do processo de produção das notícias para uma ênfase na dimensão coletiva e social desse processo – construindo a perspectiva que é conhecida por *newsmaking*. Esta abordagem é associada aos trabalhos de Gaye Tuchman, que evidenciam o papel das organizações e da comunidade profissional no processo de produção das notícias (TRAQUINA, 2003).

Na perspectiva do *newsmaking*, as notícias são vistas como uma *construção* acerca da realidade, afastando a ideia das notícias como *distorção* ou *manipulação* que orientaram pesquisas sobre o jornalismo em anos anteriores (WOLF, 2003). Além disso, a abordagem afasta a noção de que a notícia é um espelho da realidade e evidencia o papel da "cultura profissional dos jornalistas" e da "organização do trabalho e dos processos de produção" na construção das notícias (WOLF, 2003, p. 193-194). Dessa forma, as pesquisas buscam compreender de que maneira essa dimensão coletiva e organizacional do trabalho jornalístico interfere no processo de produção das notícias. Ao olhar para tais processos, estudos apontaram, ainda, os critérios de relevância que definem a *noticiabilidade* dos eventos (WOLF, 2003, p. 195).

CAPÍTULO 3

A Escola de Chicago e o Interacionismo Simbólico

Até muito recentemente, o capítulo de estudos da comunicação nos Estados Unidos compreendia apenas ou quase exclusivamente esta tradição inaugurada e conhecida como Mass Communication Research, além de algumas tendências mais recentes (entre elas, a *agenda setting*), que atualizam as perspectivas apresentadas no capítulo anterior. As últimas décadas, no entanto (e particularmente a partir do ano 2000), resgatam e trazem para o âmbito da reflexão da comunicação uma tradição sociológica que começou antes dos estudos funcionalistas e, embora não tenha se ocupado diretamente dos meios de comunicação, trouxe uma contribuição relevante (percebe-se agora) para o desenvolvimento de uma outra forma de abordagem da questão comunicacional. Estamos falando da Escola de Chicago e de uma tradição que ficou conhecida como Interacionismo Simbólico.[1]

A Escola de Chicago

"Escola de Chicago" é a nomeação um pouco imprecisa com que se procura dar conta da perspectiva sociológica

---

[1] O Interacionismo Simbólico se desenvolveu no seio da Escola de Chicago, mas ganhou uma repercussão e uma envergadura próprias. Sobre o Interacionismo, ver Joas (1999).

desenvolvida por pesquisadores da Universidade de Chicago nas primeiras décadas do século XX. Imprecisa porque não se trata de uma teoria homogênea ou um grupo coeso de autores, mas antes uma tendência, um conjunto de características comuns que unificam estudos distintos, conferindo-lhes um lugar de destaque na sociologia americana da primeira metade do século XX (mais particularmente até 1940, quando é sucedida pela sociologia funcionalista).

Herdeira da influência sociológica europeia de autores como Georg Simmel e Gabriel Tarde, que orientam a "microssociologia" ou uma sociologia das relações, a Escola de Chicago apresentou precocemente alguns traços bastante valorizados no pensamento contemporâneo, que é a preocupação com o cotidiano e o resgate das pequenas atividades do dia a dia; a combinação entre valores coletivos e atitudes individuais; a ênfase no trabalho empírico e a utilização de técnicas qualitativas, além de uma perspectiva claramente interdisciplinar. Enquanto uma outra vertente na sociologia se empenhava nas generalizações, na descoberta de leis e de uma teoria única da sociedade, em combinação com métodos quantitativos, os pesquisadores de Chicago se interessavam pelo particular e pelas pequenas ocorrências da vida cotidiana – tendo sido especialmente afetados e tematizados pela própria cidade onde viviam.

De fato, Chicago era naquela época – e como eles diziam – um grande "laboratório social", tendo experimentado um crescimento vertiginoso e uma composição bastante diversificada: de um pequeno povoado no início do século XIX, Chicago entra no século XX com mais de 1 milhão de habitantes e alcança 3,5 milhões no censo de 1930.[2] Sua população era essencialmente de imigrantes: migrantes rurais, do interior do país, e grandes contingentes de imigrantes estrangeiros, das mais diferentes nacionalidades. Era uma cidade industrial, moderna, experimentando embates políticos (grandes greves operárias) e o

---

[2] Sobre a história da Escola de Chicago, ver Coulon (1995), Grafmeyer e Joseph (2004), Valladares (2005).

impulso da vida artística e cultural. Dessa maneira, a sociologia de Chicago foi uma sociologia urbana, voltada para a temática da cidade e para os problemas da convivência urbana, da absorção do estrangeiro e da marginalidade.

A Universidade de Chicago foi fundada em 1892,[3] e já nesse momento foi criado também o seu departamento de Sociologia e Antropologia, dirigido por Albion Small (teólogo, historiador, com forte influência da sociologia alemã). O papel de Small foi, sobretudo, de fortalecimento e institucionalização do campo da Sociologia na Universidade de Chicago e nos Estados Unidos;[4] ele foi também um incentivador das pesquisas empíricas e do direcionamento dos estudos para a cidade de Chicago. É preciso lembrar ainda, nos primórdios da Escola, a forte influência do protestantismo – "importante para compreender porque uma parte dos primeiros sociólogos da Escola de Chicago tinham uma inclinação para o trabalho social e para as reformas sociais matizadas de caridade cristã" (COULON, 1995, p. 23).

A Escola de Chicago não apenas incentivou desde o início o incremento do trabalho de pesquisa e formação pós-graduada, como foi marcada por grande intercâmbio entre seus vários departamentos. O traço interdisciplinar da Sociologia de Chicago advém da influência de outras disciplinas. Além da Teologia, deve-se ressaltar, sobretudo, a Filosofia – com a presença de John

---

[3] A Universidade de Chicago foi fundada com o patrocínio de John Rockfeller e teve como primeiro presidente um ex-pastor batista, William Harper.

[4] Albion Small fundou, em 1895, a primeira revista sociológica dos Estados Unidos (e do mundo) e ajudou na fundação, em 1905, da American Sociological Society. A Sociologia de Chicago foi dominante no cenário americano até 1935, quando, na reunião anual da American Sociological Society, a liderança de Chicago foi substituída por representantes de outras correntes. Conforme Coulon, "alguns viram nessa 'revolução de palácio' uma divergência sobre os métodos de pesquisa utilizados, um enfrentamento entre dois tipos de sociologia, um quantitativo e positivista, caracterizado pelo nascente funcionalismo, e o outro qualitativo e humanista, representado pela sociologia de campo praticada em Chicago" (COULON, 1995, p. 25). Essa "rebelião" marca o primeiro passo da nova hegemonia que será assumida pela sociologia funcionalista no cenário americano a partir de 1940.

Dewey e o impacto do pragmatismo[5]; a Psicologia Social, com os trabalhos de G. H. Mead (que depois ficaram conhecidos como Interacionismo Simbólico), além da Psicologia de orientação funcionalista (que formou psicólogos importantes como John Watson); a Antropologia, as Ciências Políticas.

Mas foi, sobretudo, a segunda geração dos sociólogos da Escola – William Thomas, Robert Park, Ernest Burgess – que realmente construiu uma obra e uma contribuição efetivas, e os traços que configuram a ideia de uma "Escola".

Conforme ressaltado, os estudos de Chicago foram marcados pela temática do urbano, da presença do imigrante, da desorganização/reorganização social e dos processos de aculturação. Um traço fundamental dessa sociologia é o tratamento da questão dos valores, a ênfase no significado da ação para os indivíduos (o que aproxima da sociologia alemã e a distingue da sociologia de inspiração durkheimiana). E é por esta perspectiva do significado, da presença ativa dos sentidos, compondo a dinâmica da vida urbana enquanto uma totalidade multifacetada, que essa tradição, nos anos mais recentes, começa a interessar aos pesquisadores no campo da Comunicação.

Entre os vários autores da "segunda geração" da Escola, são particularmente os trabalhos de Robert Park que trazem uma contribuição mais significativa para os estudos da comunicação. Jornalista, militante da causa negra, Park fez seu doutorado na Alemanha, sobre a temática de massa e público; com 49 anos, e após uma longa experiência profissional, ele entra para a Universidade de Chicago em 1913. Trabalhando na perspectiva de autores como Weber, Simmel e Tarde, ele desenvolve uma sociologia mais voltada para o cotidiano e o âmbito das interações. Ao trabalhar com a cidade e as formas de integração, ele se interrogou sobre o papel e a importância do jornal na construção da teia urbana e na formação dos públicos.

---

[5] O pragmatismo, ou "filosofia da ação", está ligado aos filósofos Charles Peirce e William James, além de John Dewey e G. H. Mead, que trouxeram o pragmatismo para o campo das Ciências Sociais.

Seus estudos resgatam a cidade como "berço da civilização" ("é o *habitat* natural do homem civilizado"): todas as mudanças e revoluções da história da humanidade aconteceram a partir da cidade; ela está associada à dinâmica da mudança, do progresso, da racionalização, estabelecendo um patamar diferenciado de relacionamentos e modos de vida. É o lugar das trocas: a cidade tem que ser vista principalmente como uma teia – a *web of life* – inserindo os indivíduos num "*nexus* vital". A cidade é uma comunidade orgânica cujas interconexões constituem um aspecto fundamental de análise. Daí o olhar diferenciado dessa Escola: pensar a cidade como um todo organizado (um grande organismo), mas com atenção especial para as conexões, para os sentidos instituídos na convivência múltipla e diferenciada do urbano. A cidade é muito mais do que os prédios, avenidas, farmácias, escolas, instituições: a cidade é um modo de ser, um conjunto de representações, de imagens. Seguindo a perspectiva simmeliana, para Park,

> a cidade é um estado de espírito, um corpo de costumes e tradições e dos sentimentos e atitudes organizados, inerentes a esses costumes e transmitidos por essa tradição. Em outras palavras, a cidade não é meramente um mecanismo físico e uma construção artificial. Está envolvida nos processos vitais das pessoas que a compõem; é um produto da natureza, e particularmente da natureza humana (PARK, 1978, p. 26).

Lugar de confluência e de multiplicidade, a cidade pode e deve ser olhada sob vários enfoques: geográfico, político, econômico, moral. Território partilhado, ocupação conjunta de espaço, a cidade supõe divisão, compartilhamento, criação de sítios mais ou menos bem localizados – a cidade é "um mosaico de pequenos mundos" (PARK, 1978, p. 62). É também, e com muita força, um centro econômico; elas sempre se construíram em torno dos mercados, como lugar de troca; o comércio precisa da dinâmica da cidade.

Mas a cidade é antes de tudo o lugar da convivência, palco da intervenção e ação diferenciada dos indivíduos. Para além dos grupos primários,[6] característicos das sociedades tradicionais, a cidade, possibilita outros tipos de relacionamentos, baseados na afinidade de interesses, de trabalho – os chamados grupos secundários. Trata-se aqui de relações mais abstratas, marcadas por objetivos e pela relação clara e funcional entre meios e fins. Para Park, a cidade favorece a racionalidade e o estabelecimento de relações mais convencionais.

Mas a cidade é sobretudo *diversidade* e *mobilidade*; é um verdadeiro laboratório social, um mosaico de diferenças – étnicas, culturais, religiosas. "Mede-se mobilidade num indivíduo ou numa população não apenas pela mudança de localidade, mas antes pelo número e variedade dos estímulos a que o indivíduo ou a população respondem" (PARK, 1978, p. 41). Assim, a cidade, de um lado, promove a mistura; de outro, possibilita a recriação das afinidades. Permitindo a convivência e o acolhimento de diferenças, suscita novos reagrupamentos e o acolhimento dos "diferentes" (normalmente excluídos e segregados nas sociedades tradicionais).

> Não somente o transporte e a comunicação, mas também a agregação da população urbana tendem a facilitar a mobilidade do homem individual. Os processos de segregação estabelecem distâncias morais que fazem da cidade um mosaico de pequenos mundos que se tocam, mas não se interpenetram. Isso possibilita ao indivíduo passar rápida e facilmente de um meio moral a outro, e encoraja a experiência fascinante, mas perigosa, de viver ao mesmo tempo em vários mundos diferentes e contíguos, mas de outras formas amplamente separados (PARK, 1978, p. 62).

Na discussão da diversidade e mobilidade enquanto traços fundamentais da sociedade urbana, dois outros conceitos trazidos por Park são particularmente interessantes. São eles o

---

[6] Grupos primários são os grupos pautados pelas relações de proximidade, consanguinidade, laços afetivos ou pessoais. O grupo primário por excelência é a família.

conceito de "regiões morais" e o de "contágio social". As "regiões morais" são locais de encontro de pessoas que compartilham dos mesmos gostos e temperamentos e que não necessariamente coincidem com a distribuição da população a partir de interesses ocupacionais ou condições econômicas. Elas se referem a locais de diversão ou "zonas de vício", e estão mais relacionadas com a esfera dos desejos, das paixões, dos ideais. Como a cidade é um terreno fértil para a proliferação de novas tendências e modismos, ela também suscita essas outras formas de agregação – paralelas e superpostas às agregações convencionais.[7] O "contágio social", intimamente ligado às regiões morais, refere-se à força das associações a partir dessas "diferenças temperamentais" comuns, à associação daqueles que compartilham sentimentos iguais (por vezes contrariando os laços que os unem "aos tipos normais à sua volta").[8]

Park faz uma distinção entre "sentimentos" e "interesses"; sentimento é de ordem mais concreta, individual, imediata. Uma atitude sentimental indica um tipo de motivação para a ação da qual os indivíduos não têm consciência plena. Os interesses são de ordem mais abstrata; dirigem-se menos a objetos específicos do que àquilo que esses objetos podem encarnar, ou

---

[7] "Não é preciso entender-se pela expressão 'região moral' um lugar ou uma sociedade que é necessariamente ou criminosa ou anormal. Antes, ela foi proposta para se aplicar a regiões onde prevaleça um código moral divergente, por uma região em que as pessoas que a habitam são dominadas, de uma maneira que as pessoas normalmente não o são, por um gosto, por uma paixão, ou por algum interesse que tem suas raízes diretamente na natureza original do indivíduo. Pode ser uma arte, como a música, ou um esporte, como a corrida de cavalos. Tal região diferiria de outros grupos sociais pelo fato de seus interesses serem mais imediatos e mais fundamentais" (PARK, 1978, p. 66-67).

[8] É interessante perceber como essa discussão e tais conceitos podem ser transpostos para a nossa época – para o contexto "pós-moderno", ou da globalização e do multiculturalismo. As "regiões morais" guardam muita semelhança com o que alguns autores nomeiam "tribos urbanas". A ideia de "contágio" é muito próxima das noções de "epidemia" ou "espírito do tempo" discutidas por M. Maffesoli em vários de seus trabalhos (1984; 1987, entre outros). A cidade como mosaico é a mesma cidade polifônica ou cidades híbridas faladas pelos autores contemporâneos.

seja, eles implicam a existência de meios e de uma consciência da distinção entre meios e fins.⁹ Nossos interesses são racionais e móveis, e provocam mudanças. A vida na cidade é pautada por interesses – e o desenvolvimento da racionalidade (ou seja, da consciência dos fins) é importante na construção do equilíbrio da vida urbana, nos processos de assimilação dos estrangeiros.

É aí que entra sua discussão sobre a importância da propaganda e do jornal. A propaganda, a publicidade, assim como o jornal, ele diz, são importantes instrumentos de controle social, na medida em que orientam a formação da opinião pública:

> A opinião pública torna-se importante como uma fonte de controle social em sociedades baseadas em relações secundárias, de que as cidades grandes são típicas. Na cidade, todo grupo social tende a criar seu meio próprio e, na medida em que essas condições se fixam, os *mores* tendem a se acomodar às condições assim criadas. Nos grupos secundários e na cidade, a moda tende a substituir o costume, e a opinião pública, mais do que os *mores*, se torna a força dominante do controle social (PARK, 1978, p. 60).

Discutindo o jornal e a notícia, Park ressalta a relação entre notícia e acontecimento, notícia e interesse, e percebe aí – no campo do Jornalismo – uma dupla construção. A notícia, dotada de mecanismos específicos para descrever de forma convincente a realidade, é, em si, uma construção. Ao mesmo tempo, ela atua na construção da própria realidade social. Conforme Gouldner (1976, p. 159), *"Park comprendió claramente que las noticias se habían convertido en la fuente principal para*

---

[9] Essa é a base da distinção entre dois conceitos-chave na sociologia americana: público e multidão (posteriormente público, multidão e massa). Público é qualquer grupo, reunido ou disperso, que alcança uma certa unidade através de uma interação crítica: o público é um grupo racional. A multidão é marcada pelas emoções e paixões irracionais. No público a discussão é livre e desapaixonada; na multidão há ausência de discussão e de reflexão (ver GOULDNER, 1976, p. 157).

definir la realidad social en el mundo moderno"; elas produzem um público e sua validação consensual. A notícia não apenas informa, mas "orienta, informando cada um e todos do que está acontecendo". Uma notícia gera conversação, desperta comentários, suscita discussão;

> as discussões se transferem do plano da notícia para o dos problemas que ele suscita. O choque de opinião e pareceres, que a discussão invariavelmente evoca, termina, via de regra, numa espécie qualquer de consenso ou opinião coletiva – que nós denominamos opinião pública. É na interpretação dos acontecimentos presentes, ou seja, da notícia, que se funda a opinião pública (PARK, 1970, p. 176).

A análise de Park, em vários aspectos, é datada e conservadora (moralizante). Mas a importância de seu trabalho para nós se situa em outro lugar: na natureza e no papel que são dados à comunicação. No pensamento da Escola de Chicago, os meios perdem sua natureza transmissiva e são tratados como mediadores. Se a cidade é um mosaico de diferenças e uma *web of life*, as práticas comunicativas são elos, elementos e lugar de interconexão. A convivialidade e a criação de estados de compartilhamento (interesses comuns) são estabelecidos na e pela comunicação. A notícia é o que faz circular e promove as discussões. Notícias são construções que, ao criarem visibilidade, darem existência pública aos fatos, podem e devem atuar na discussão e na consolidação dos interesses coletivos, na construção da racionalidade, isto é, um tipo de pensamento e de atitudes produzidos pela reflexão, pela deliberação consciente dos indivíduos.

Essa ênfase no racionalismo e no progresso, a distinção sentimentos/interesses (com uma evidente desvalorização dos primeiros) e seu modelo de modernização e de integração social são claras marcas da ideologia progressista, bem como do positivismo, ainda em seu auge, naquela época (e do qual o enfoque mais "humanista" da Escola de Chicago não deixou de se contaminar). Este e outros aspectos da Escola foram alvo de severas críticas. O caráter a-histórico de sua sociologia, bem como sua visão liberal (uma perspectiva harmônica e integrada da totalidade social; a ausência das relações de dominação e o caráter localizado do conflito) mostram claramente seus limites na análise da vida social.

Mas resgatar a presença da complexidade e da diferença na cidade, pensá-la enquanto "teia", lugar de confluência e de mistura, e priorizar a análise das conexões e redes de valores constitui uma contribuição significativa. Tratar as práticas comunicativas como nexos, mediações, lugar de troca e de construção, faz uma notável distinção – e traz subsídios para novas e futuras revisões do paradigma comunicacional.

G. H. Mead e o Interacionismo Simbólico

Nos Estados Unidos, a Escola de Chicago foi de certa forma uma "reserva" de um pensamento mais humanista. E é nesse contexto, de ênfase nas relações e de resgate dos significados e valores para a compreensão da vida social, que se desenvolveu (mais particularmente no campo da Psicologia Social), o trabalho de G. H. Mead, conformando uma perspectiva muito promissora de reflexão posteriormente nomeada "Interacionismo Simbólico".[10]

Não se trata de uma teoria, de um corpo acabado de ideias, mas de um conjunto de premissas que tiveram como ponto de partida a oposição às perspectivas sociológicas clássicas que distinguiam conceitualmente indivíduo e sociedade. O indivíduo não se constrói senão dentro da sociedade, e a sociedade não é senão uma sociedade de indivíduos. Tratá-los separadamente (em teorias explicativas que partem *ou* da sociedade *ou* dos indivíduos) é estabelecer uma falsa dicotomia. A oposição a essa tendência dominante marcou o eixo do Interacionismo

---

[10] A expressão "Interacionismo Simbólico" foi cunhada por Herbert Blumer, um dos continuadores do trabalho de Mead, num artigo publicado em 1937, cujo título era *Symbolic Interactionism: Perspective and Method*.

Simbólico, indicando o objetivo de sua perspectiva, que é pensar sua junção e mútua construção. Nesta proposta, a linguagem, o símbolo, os sentidos partilhados ocupam um papel central: é o lugar da junção, o fator-chave na constituição dos indivíduos e na aglutinação da sociedade.

Nesse movimento, Mead sem dúvida foi a figura central[11]; não se trata de nomear um "pai" do Interacionismo, mas resgatar o seu papel na organização e na apresentação de uma proposta, atribuindo às suas aulas na Universidade de Chicago na década de 1920, e à formação que propiciou a uma geração de pesquisadores, a origem dessa perspectiva de trabalho. Seus livros foram publicados postumamente, e sua obra *Mind, Self and Society* (mente, eu e sociedade), publicada em 1934, expressava, a partir dessa trilogia, a síntese da reciprocidade e da mútua construção sujeito/sociedade. O ponto de partida dessa tese é que a mente, o eu e a sociedade são três abordagens diferentes de um mesmo fenômeno, que é o ato social. Esses três elementos não são senão aspectos de um mesmo fenômeno global e inteiro, que é a ação social: "um ato social é uma relação triádica que consiste num gesto inicial de um indivíduo, uma resposta a esse gesto por outro indivíduo (encoberta ou abertamente), e uma resultante do ato, a qual é percebida ou imaginada por ambas as partes na interação" (LITTLEJOHN, 1982, p. 69). A ação social, a intervenção dos sujeitos no mundo, se torna, portanto, o eixo de análise da vida social.

Um outro ponto central na estruturação desse pensamento é a concepção de indivíduo enquanto sujeito, ator social, responsável por ações e representações. Indivíduos não são seres reatores, "criados" pela sociedade (moldados por ela). Eles são sujeitos; a sociedade é resultado da ação conjunta de sujeitos (a sociedade são sujeitos em ação).

---

[11] As raízes filosóficas do Interacionismo Simbólico encontram-se no pragmatismo de John Dewey e William James. Mead foi um colaborador de Dewey na Universidade de Michigan, e depois foram juntos para a Universidade de Chicago.

Para melhor compreendermos o pensamento de Mead, é interessante percorrer seus três conceitos nucleadores: sociedade, *self* e mente.

Comecemos com sua noção de sociedade: sociedade ou vida em grupo consiste num aglomerado de comportamentos cooperativos, de ações reciprocamente referenciadas por parte de seus membros. Os animais também vivem em sociedade, estabelecem comportamentos cooperativos – mas a partir de sua natureza biológica (sua estrutura fisiológica). A distinção da sociedade humana é que, nesta, o comportamento cooperativo é baseado numa leitura (expectativa) do comportamento do outro e de um ajustamento da ação do sujeito em função dessa expectativa: a associação humana implica, para cada ator, perceber a intenção do outro e construir sua resposta baseada naquela (suposta) intenção. Não se trata aqui de uma simples resposta ao comportamento do outro, mas de uma *interpretação* desse comportamento (uma leitura e projeção de suas intenções) e do ajustamento, em função disso, de sua própria intervenção. Isso só é possível na medida em que os gestos, a externalização do outro traduza as suas intenções – ou seja, contenha significados. Gestos que traduzem intenções, que portam significados, são gestos simbólicos. Assim, Mead entende que o comportamento cooperativo entre os humanos se torna possível – e apenas se torna possível – pelo uso de símbolos, pelo uso da linguagem, que são construídos e aprendidos em conjunto (a linguagem é social, e não individual).

> Assim a cooperação consiste em "ler" as ações e intenções da outra pessoa, e em responder de um modo apropriado. Isso é a essência da comunicação interpessoal, e essa noção de resposta mútua com o uso da linguagem faz do Interacionismo Simbólico uma teoria vital da comunicação. Ora, os animais podem comunicar-se mediante processos elementares; mas é esse comportamento único de uso de símbolos que distingue a comunicação do homem em sociedade (LITTLEJOHN, 1982, p. 69).

Nós, seres humanos, podemos estabelecer nossas relações com base em projeções futuras, ou da rememoração do passado;

através de criações fantasiosas ou enganosas. E essas construções se dão através dos símbolos, da linguagem. Essa é a base da edificação da "nossa" sociedade.

Já o conceito de *self* (eu) fala da construção e da presença do sujeito no mundo, bem como de sua singularidade. Dizer "eu" é marcar um lugar próprio; é ver-se a si mesmo, ter consciência de si e a capacidade de dialogar (interagir) consigo próprio assim como atuamos em relação aos outros. Nós estamos no mundo com uma história própria, com nossa marca pessoal. Essa individualidade ("eu sou um sujeito no mundo") é resultado de uma construção e de uma espécie de amálgama, que liga componentes internos e externos.

A sociedade constitui o contexto dentro do qual o *self* se desenvolve, e ele é formado através da internalização da expectativa dos outros sobre nós; nós nos vemos com o olhar dos outros – e assim assumimos nosso papel social. A esse processo Mead chamou "outro generalizado" (ou papel coletivo).

A percepção e o processamento interno do modo como o indivíduo é visto pelos outros envolve duas fases analíticas distintas, duas facetas do *self*, nomeadas por Mead de "eu-mesmo" e "mim". O "eu-mesmo" é a parte desorganizada, impulsiva, espontânea, criativa, própria de cada indivíduo. Já o "mim" diz respeito à internalização do outro generalizado; dos padrões organizados/organizadores do contexto social que irão direcionar o impulso (a propensão) do "eu-mesmo". A subjetividade de cada um – a vida mental do indivíduo – é resultado dessa interação, e é o que lhe permite dialogar consigo mesmo.[12]

Esse diálogo consigo mesmo, essa capacidade de fazer indicações a si próprio, é o que Mead chama de *mente*.[13] Esse conceito

---

[12] Os conceitos de "eu-mesmo" e "mim" de Mead não se confundem com os conceitos de "id", "ego" e "superego" de Freud. Haguette (2003), reportando-se ao trabalho de Meltzer, nos diz que "Ele [Meltzer] afirma que, enquanto o 'superego' age de forma frustrante e repressiva sobre o 'id', o 'mim' proporciona a direção necessária e, muitas vezes, gratificante aos impulsos desordenados do 'eu'" (HAGUETTE, 2003, p. 30).

[13] A mente diz respeito ao cérebro, mas não se resume a ele. "É a sociedade-interação social que, usando os cérebros, forma a mente" (HAGUETTE, 2003, p. 31).

se refere ao processo de interação da pessoa com o seu próprio eu através de símbolos significantes – através da linguagem. Essa "conversa interior", as ponderações que podemos fazer internamente, precedendo e orientando nossas ações, marcam a capacidade reflexiva do ser humano. A afirmação da nossa reflexividade é um momento fundamental do pensamento de Mead, pois é o operador lógico que permite falar dos indivíduos enquanto sujeitos (enquanto atores e não reatores). A mente não é o lugar que processa só meus impulsos, ou só os estímulos que eu recebo de fora; ela é o processo que faz interagir essas tendências.

A consciência de mim é correlata da consciência do outro; e esse lugar em que eu tomo consciência de mim e do outro é o campo da ação. É agindo, intervindo no mundo que nos damos a conhecer e conhecemos o outro. O modelo triádico de Mead vem quebrar a dicotomia homem e sociedade e marcar a centralidade do conceito de interação. Os seres humanos, biologicamente complexos, capazes da reflexão e do uso da linguagem, se constroem reciprocamente enquanto sujeitos no âmbito de suas ações no mundo; é nesse lugar da intervenção que nós nos construímos e construímos a vida social.

O período pós-Mead: a leitura de Blumer

Mead deixou discípulos, e pode-se dizer que sua "herança" foi dividida em duas escolas, com Manford Kuhn e Herbert Blumer. Kuhn, na Escola de Iowa, avançou no conceito de construção do *self* através de bases operacionais e quantitativas. Blumer, na Escola de Chicago, se opôs a essa tendência e se tornou conhecido como o grande divulgador do pensamento de Mead[14] (e criador da expressão "Interacionismo Simbólico").

Segundo Blumer, o Interacionismo Simbólico está fundado em três premissas básicas: 1) os seres humanos agem no mundo

---

[14] Vários outros autores se debruçaram e buscaram sistematizar a obra de Mead. Um dos trabalhos mais conhecidos é a obra de J. Manis e B. Meltzer, *Symbolic Interaction* (1968).

fundamentando-se nos significados que este lhes oferece; 2) os significados de tais elementos são provenientes da ou provocados pela interação social que mantém com as demais pessoas; 3) tais significados são manipulados por um processo interpretativo. Aparentemente, são premissas simples, mas é a exploração delas (o trabalho de tirar delas a sua consequência) e o seu encadeamento que trazem a inovação desse pensamento e enfatiza a circularidade e a dimensão marcante do simbólico (linguagem) no processo interativo.

Tomemos a primeira premissa: *os seres humanos agem no mundo fundamentando-se nos significados que este lhes oferece*. Ou seja, nossa ação é decorrente dos significados que as situações nos colocam. Essa premissa, aparentemente simples, na verdade se distingue de duas outras, mais consagradas, que atribuem o comportamento dos indivíduos à ação de fatores que agem sobre eles. A primeira delas são as explicações de ordem sociológica: os indivíduos agem em decorrência de sua inserção na estrutura social, traduzidas em determinadas categorias de pertencimento: classe ou nível social, etnia, faixa etária, religião. Uma outra fonte de explicação, de ordem psicológica, entende a conduta humana como reação a estímulos internos ou externos (motivações ou emoções, traços de personalidade). Essas duas explicações, segundo Blumer, encobrem ou absorvem a dimensão simbólica dos fatores que agem sobre nós ou a partir dos quais reagimos: para o Interacionismo Simbólico, os significados dos elementos que nos cercam e nos afetam são fundamentais. São eles, os significados, que provocam os comportamentos. Nossa ação é pautada pelo sentido que atribuímos às coisas ou indivíduos com os quais atuamos; nós agimos no mundo em função da leitura de significados que revestem as situações vividas.

Mas que significados são esses e de onde provêm? Aí entra a segunda premissa: *tais significados são provocados pela interação social*. Eles não são construídos individualmente pelos sujeitos, mas também não estão prontos em algum lugar (ou dados por um coletivo abstrato): nem estão em mim, nem nas coisas. Pensar que o significado está nas coisas, é inerente aos objetos, é atribuir-lhes um sentido imanente, uma "essência" (visão essencialista). Porém, também não podemos pensar que esses significados são apenas um acréscimo psíquico atribuído aos objetos pelas pessoas, num subjetivismo em que o que conta é um suposto pensamento autônomo de cada um: "cada cabeça uma sentença", cada indivíduo vê um mundo do seu jeito (visão relativista). Nem os significados estão nas coisas, nem são produto de uma cabeça; eles são resultado das interações. São construídos no âmbito das relações estabelecidas entre os sujeitos – pelo embate das diferentes intervenções dos indivíduos, pelo choque e pelo entrelaçamento das múltiplas subjetividades. Então, significados são construídos socialmente – não por um coletivo abstrato (a ideia distante de "uma sociedade"), mas no campo da ação conjunta dos sujeitos sociais.

Este enunciado – o significado é uma construção social – não estaria então subsumindo o indivíduo? Se é tudo social, onde entram os sujeitos? Aliás, como podem ser vistos como sujeitos, se se assujeitam ao social? Blumer fala, então, da terceira premissa: *tais significados são manipulados por um processo interpretativo*. Os sentidos produzidos no âmbito das interações são agenciados individualmente. Os sujeitos sociais que estabelecem interações são seres reflexivos, dotados da capacidade de interpretação (de interação consigo mesmo) e de escolha. Conforme Littlejohn, "o que distingue a interpretação interacionista de significado é a sua ênfase sobre a interpretação consciente" (1982, p. 72). Os indivíduos que agem no mundo baseados em significados não apenas constroem juntos, no âmbito das interações que estabelecem, esses significados, como os submetem à interpretação. O processo nem está centrado nos indivíduos, nem no social – mas nos sujeitos em interação.

As três premissas estabelecem assim uma circularidade. O processo não tem um ponto de partida (um emissor que envia uma mensagem...), mas diz respeito à intervenção dos sujeitos no mundo – uma intervenção pautada por sentidos, construídos junto com os outros, atravessando seus filtros de interpretação, que, por sua vez, reconfiguram os sentidos, que impulsionam as ações, e assim por diante. Tal concepção quebra um modelo linear (um encadeamento linear de elementos) e apresenta uma outra forma de temporalidade – em que não é possível falar de tempo 1, tempo 2 e assim por diante, mas de um processo circular.

Essas três premissas conformam um tipo de desenho analítico. Por exemplo, tomemos uma situação banal, como o reencontro, depois de muito tempo, de um antigo amigo. Ao cumprimentá-lo, eu tanto rememoro nossa antiga amizade (o tipo de laço que nos unia), como observo e tento prever como ele vai se portar comigo: se será muito efusivo, será discreto, ou até indiferente. Eu agirei nessa situação conforme a minha interpretação do significado que está sendo construído por nós naquele reencontro (pode ser que cada um de nós aja de forma mais contida, achando que o outro não está dando muita importância ao reencontro; ou pode ser que eu interprete que meu amigo está tão feliz de me rever quanto eu – e aí vou agir conforme esse significado, ou seja, expressando minha profunda alegria).

Esse foi um exemplo de uma relação interpessoal. Mas podemos também tomar como referência uma situação mais ampla, com o envolvimento de muitas pessoas: uma eleição para o D.A. (Diretório Acadêmico) da Faculdade. Os alunos vão votar nesta ou naquela chapa, ou vão se abster. Esse comportamento é ditado pelos significados que revestem os vários elementos envolvidos na situação: o papel (imagem) do D.A., da política estudantil, desta ou daquela chapa, da campanha que foi feita. Esses significados foram construídos no bojo de várias interações: os candidatos e militantes do movimento estudantil que passam nas salas nesse e em outros momentos; que promovem esse ou aquele evento; das conversas estabelecidas com outros colegas não envolvidos diretamente no processo, e até de pessoas de fora (familiares que lembram seu tempo de política estudantil e passam sua maior ou menor importância). Esses significados, produzidos nessas muitas interações, passam pelo crivo interpretativo dos estudantes eleitores e vão ditar o seu comportamento de voto (eventualmente homogêneo, mas com frequência inclusive diferenciado, conforme as experiências e os filtros interpretativos dos múltiplos sujeitos aí envolvidos).

Essa análise contrasta inteiramente com o modelo apresentado no capítulo anterior (o paradigma informacional), que nos levaria a pensar nas chapas, na propaganda feita e no voto. O Interacionismo Simbólico, misturando mais a dinâmica, começa a fornecer os indicadores de um outro paradigma, um outro modelo de leitura, procurando ler as situações como resultado da confluência de vários elementos, tendo como ponto fulcral o processo interativo, a relação estabelecida pelos sujeitos naquela situação. Dessa maneira, essa leitura significa também ampliar enormemente a presença do imprevisível, do conjuntural – impossibilitando a construção de "leis" ou categorias definitivas de previsibilidade.

Continuando a leitura do texto de Blumer (1980), e com base nessas três premissas, ele nos diz que "a interação simbólica vê-se obrigada a desenvolver uma sistematização analítica da sociedade e do comportamento humano bastante característica" (p. 122-123): o Interacionismo Simbólico fundamenta-se nos seguintes conceitos básicos ou "imagens-raiz":

1. Natureza da sociedade humana ou coexistência grupal humana: a sociedade é composta por seres humanos em ação. A especificidade da leitura do Interacionismo Simbólico é essa ênfase na ação: "a importância dessa definição simples e intrinsecamente redundante consiste, fundamentalmente, no fato de os grupos ou sociedades humanas *existirem em ação* e deverem ser consideradas relativamente à ação" (BLUMER, 1980, p. 123). A vida social é um processo contínuo de ajuste das atividades de seus membros.

2. A natureza da interação social: a interação simbólica é o coração da sociedade; o processo interativo é de vital importância *em si mesmo*, porque ele é o lugar onde se forma o comportamento. A interação não é o meio para se conseguir alguma coisa, mas o próprio processo onde as coisas acontecem; ela não é o instrumento, mas o lugar constituinte. Entretanto, reportando-se a

Mead, Blumer esclarece que nem toda interação é simbólica, mas apenas aquelas que se constroem através de "gestos significantes" (distinguindo-os dos atos reflexos) e incluem um processo de interpretação por parte dos sujeitos. "Face à interação simbólica, a coexistência grupal humana representa necessariamente um processo formativo e não mero campo para a expressão de fatores preexistentes" (BLUMER, 1980, p. 127). As interações criam o mundo humano.

3. **A natureza dos objetos:** vivemos num mundo de objetos – e estes (enquanto significados) são construídos por nós, são criações sociais. "Objeto é qualquer coisa passível de ser indicada ou referida" (BLUMER, 1980, p. 127); aquilo que existe fora de nós e que podemos nomear. Sua natureza é dada pelo significado que ele possui para as pessoas. Ou seja, o nosso mundo de objetos é construído pelo nosso olhar. Assim, os objetos diferem conforme vistos por indivíduos que vivem em contextos interativos diferentes: a lua não é a mesma para os românticos e para os astrofísicos; uma roupa não é o mesmo objeto hoje, na nossa sociedade de consumo, daquele que foi em tempos remotos, em que ela existia pelo seu valor de uso.

4. **O ser humano como um organismo agente:** o ser humano possui um "eu", tem consciência de si (é capaz de interagir consigo próprio e se dotar de referências) e do outro (ele não apenas reage a outrem, mas interpreta os indícios que recebe dele), e, com essa dupla consciência, molda o seu próprio comportamento. O homem é social no sentido mais profundo – não apenas por ser membro de uma coletividade, se relacionar com os outros, mas, sobretudo, na acepção de que é nesse espaço de interação que ele constrói a sua individualidade.

5. **A natureza da ação humana:** a ação humana surge como resultado do processo de interação interpretativa. Diferindo da concepção de comportamentos mecânicos (estímulos e respostas), "o homem defronta-se com um mundo que deve interpretar a fim de poder agir, ao invés de estar em contato com um ambiente

ao qual reage devido à sua organização" (Blumer, 1980, p. 132). A ação humana é elaborada e orientada; leva em conta os elementos externos que observa, assim como suas próprias necessidades e desejos: a intervenção do homem é indissociada do sentido que ele lhe interpõe.

6. **Encadeamento de ações:** se as ações humanas se dão no bojo das interações, isso significa que elas se desdobram conforme a evolução dessas mesmas interações: uma ação orienta a seguinte, e assim por diante. Não se trata de um encadeamento mecânico e natural, mas da noção de interdependência e articulação: a intervenção em uma dada etapa de um processo constrói e reconstrói as outras. Uma ação jamais se origina separadamente de experiências anteriores – mas a maneira como elas se sucedem nunca é definitivamente preestabelecida. Se existem cadeias de comportamentos repetitivos e estáveis, também "criam-se constantemente novas situações problemáticas no âmbito da vida grupal, para as quais as regras existentes são inadequadas" (Blumer, 1980, p. 135). Conforme Blumer,

> Uma rede ou uma instituição não funciona automaticamente devido a alguma dinâmica interna ou a exigências do sistema, mas sim porque os indivíduos, em diferentes pontos da urdidura, realizam atos, e estes constituem resultado da maneira pela qual definem a situação em que são chamados a agir (p. 136).

Em síntese, essa teoria (o interacionismo) fala da vida social como um processo de atividades contínuas e reciprocamente referenciadas; resgata a ideia de indivíduos enquanto sujeitos reflexivos e vê a construção de significados (o campo dos sentidos, da linguagem) como o fator social mobilizador. E Blumer conclui: "a sociedade humana compõe-se de indivíduos empenhados em viver" (p. 137).

Como dissemos acima, a perspectiva do Interacionismo Simbólico traz uma contribuição relevante para os estudos da comunicação, ao delinear diferentemente o processo comunicativo e ao indicar a mobilidade da vida social, estimulando o estudo das situações específicas (cada situação, sendo palco da intervenção diferenciada dos sujeitos, exige leitura própria).

Essa imprevisibilidade que ela traz para as situações comunicacionais tornou essa teoria pouco atraente para o seu tempo (primeira metade do século XX), ávido de instrumentos que possibilitassem leituras mais precisas e orientações eficazes de intervenção. Por essa razão, ela não teve eco nos estudos dos meios de comunicação e ficou mais restrita ao campo da Psicologia. Apenas recentemente, como já dissemos, ela foi resgatada, no bojo de novas teorias em busca de outros fundamentos para se pensar a comunicação.

Mas o interacionismo foi (e pode ser) alvo de outras críticas: uma ênfase localizada nas situações individuais ou de grupo, negligenciando as questões mais estruturais da vida social: as relações de classe e as implicações da desigualdade social; a questão do conflito e do poder. Ao não incorporar essas questões, essa teoria não permite analisar como elas se manifestam e interferem, configurando e reconfigurando o campo das interações. Por isso, o modelo também não se mostrou adequado para as análises de cunho mais crítico e político que se construíram na contramão da teoria funcionalista e das pesquisas administrativas americanas.

A dramaturgia de E. Goffman

Um dos "interacionistas" mais lembrados nos tempos atuais é o sociólogo Erving Goffman. Nasceu no Canadá, em 1922, onde fez seus primeiros estudos.[15] Em 1945, Goffman ingressou no curso de Sociologia da Universidade de Chicago; aluno de

---

[15] No Canadá, Goffman passou também por uma curta experiência com cinema: em 1943, aos 20 anos, trabalhou no National Film Board (NFB), um centro de produção de filmes documentais em Ottawa. Segundo biógrafos, parece que ele não participou diretamente dos trabalhos de filmagem, mas ficou exposto às teorias e técnicas do documentário – o que pode ter influído no modelo que análise que ele irá desenvolver posteriormente, em *Frame Analysis*.

Blumer, tomou contato com a teoria de Mead e participou do ainda efervescente ambiente da Escola. Mas sua formação inclui autores e influências diversas,[16] um grande envolvimento com o trabalho de campo, o que lhe conferiu autonomia e possibilitou a construção de uma versão própria do interacionismo.

A interação, para Goffman, "pode ser definida como a influência recíproca dos indivíduos sobre as ações uns dos outros, quando em presença física imediata. [...], quando, num conjunto de indivíduos, uns se encontram na presença imediata de outros. O termo 'encontro' também seria apropriado" (GOFFMAN, 1996, p. 23). Seu estudo incide, assim, sobre as relações interpessoais (face a face) e tem como eixo central o desempenho dos indivíduos ("desempenho", por sua vez, compreende "toda atividade de um determinado participante, em dada ocasião, que sirva para influenciar, de algum modo, qualquer um dos outros participantes" (p. 23). Essas interações não são simples ou espontâneas; ao contrário, são altamente complexas e codificadas. Na frente dos outros, os indivíduos representam papéis e buscam administrar sua autoapresentação. As diversas interações vividas pelos indivíduos, esses "momentos de encontro", são chamados por ele de "situações", e o bom desempenho de cada um depende da compreensão de sua estrutura e organização, ou seja, da "definição da situação"[17] (se o indivíduo se dá mal nessa definição, ele pode, por exemplo, errar ou se confundir no seu papel). Para definir o seu papel, a pessoa passa por um processo em duas partes: necessita de informação sobre as outras pessoas, precisa dar informações sobre si mesma – se expressar.

---

[16] Uma influência importante foi a da Antropologia inglesa, tendo feito um estágio, durante seu doutorado, na Universidade de Edimburgo, e uma longa pesquisa de campo nas ilhas Shetland.

[17] O conceito de "definição de situação" foi criado por William Thomas, outro nome significativo da Escola de Chicago (da geração de Robert Park). A análise da organização das situações, dos elementos que compõem sua estrutura é chamada por Goffman de "*frame analysis*" (o que guarda certa analogia com as "tomadas" de um filme).

Goffman distingue duas formas de expressão: a expressão que se transmite, a expressão que emite. A primeira diz respeito à nossa comunicação verbal (ou equivalente): dizemos algo para alguém, gesticulamos para indicar alguma coisa. A expressão emitida compreende a expressão não verbal (e presumivelmente não intencional ou não consciente); é o conjunto dos equipamentos expressivos através dos quais nos damos a ver, tal como gestos, marcas, expressões corporais. Para além do conteúdo de uma informação, a expressão emitida diz respeito à maneira como desempenhamos nosso papel em dada situação. Nem sempre há uma simetria entre as duas, e o interesse do autor é exatamente na segunda e no esforço dos indivíduos para administrar suas impressões (a imagem que provocam nos outros).

Ao representar papéis, ou personagens, os indivíduos são atores, e as interações são pequenas peças teatrais, encenadas em diferentes palcos. A análise de Goffman se utiliza, portanto, de uma metáfora teatral (uma análise dramatúrgica): a vida social é um teatro. Ela é vivida na superfície e existe nas aparências (cenários) que construímos. O interesse de Goffman se dirige, sobretudo, para o aspecto maquinado e manobrado das relações interpessoais; a interação é um jogo de encenação, e os atores são jogadores querendo ganhar (se sair bem na partida).[18]

Os papéis são definidos socialmente (os indivíduos se investem dos papéis construídos pela sociedade), e na administração de seu desempenho frente à plateia, há inclusive uma distinção entre a "fachada" (aquilo que queremos dar a ver, a frente do palco) e o "fundo" (aspectos aos quais não queremos dar visibilidade em dadas situações).

Nesse sentido, a análise de Goffman se distingue bastante do Interacionismo Simbólico de Mead; aqui, para este autor, as interações foram tomadas como momentos constituintes:

---

[18] Para Goffman, "a interacção é vista como uma série de disfarces e de contra-disfarces entre jogadores profissionais, bluffistas até o infinito, criptógrafos na frente da 'guerra fria'" (WINKIN, 1999, p. 70).

os significados eram construídos no bojo dessas interações e passavam pela interpretação (pelo filtro interpretativo) dos sujeitos. Adquiriam, portanto, maior mobilidade; eram momentos vivos, fundadores da vida social. Para Goffman, elas são mais cristalizadas e constituem um tipo de ordem social:

> Toda representação é *"socializada"*, moldada e modificada para se ajustar à compreensão e às expectativas da sociedade em que é apresentada. [...] Assim, quando o indivíduo se apresenta diante dos outros, seu desempenho tenderá a *incorporar e exemplificar os valores oficialmente reconhecidos* pela sociedade (GOFFMAN, 1996, p. 40-41, grifo nosso).

Os papéis estão dados e os indivíduos não interpretam significados (não se apropriam e intervêm na construção dos sentidos): interpretam (representam) papéis definidos socialmente.

> O que é efectivamente admirável em Goffman, até na maneira de se exprimir, é a visão de uma realidade *sui generis* da interacção. Enquanto os psicólogos sociais falam das interacções como produtos dos indivíduos em grupos, Goffman prefere encará-las como sistemas autônomos, independentes dos indivíduos que as concretizam (WINKIN, 1999, p. 61-62).

Nesse sentido, sua análise tem um cunho mais conservador (imobilista) das interações (elas são o lugar da reprodução, e não da produção da vida social), e os indivíduos-atores são menos "sujeitos" de sua ação. A concepção de construção mútua indivíduo-sociedade se perde na sua análise, e o que vemos é o grande peso do social.[19]

Em que pese tal "déficit", o trabalho de Goffman é bastante retomado hoje pelas possibilidades trazidas pela sua análise dramatúrgica, para a compreensão da sua natureza de encenação. Essa perspectiva ultrapassa a dimensão das relações pessoais,

---

[19] Para alguns autores, Goffman fala do social como Freud fala do inconsciente: uma espécie de superego.

enfocadas por ele, e pode (de forma bastante rica) ser estendida para falar da mídia, das figuras públicas (políticos, artistas, criando imagens e administrando papéis).

No entanto, para analisar o diálogo mídia/sociedade, entender o papel das representações (significados) construídos pela mídia, mas também quebrar o determinismo midiático e entender essa relação como uma interlocução, com sujeitos dos dois lados (o público é também um sujeito que interpreta, se posiciona), a herança de Mead é particularmente importante.

CAPÍTULO 4 ....

O estudo da comunicação na Europa

É possível identificar, no continente europeu, alguns autores e obras precursoras da reflexão sobre a comunicação, particularmente tratando da questão da formação das massas, da opinião pública, da relação entre imprensa e democracia, tais como Alexis de Tocqueville (*De la démocracie en Amérique*, 1835-1840) e Gabriel Tarde (*L'opinion et la foule*),[1] no século XIX.

Se pensamos, no entanto, em estudos mais focados na presença dos novos meios de comunicação de massa que inauguram uma realidade comunicacional nova no início do século XX, os estudos da comunicação na Europa – sobretudo em comparação com os Estados Unidos – surgiram e se consolidaram mais tardiamente, apresentando um ritmo descontínuo e um viés menos específico (menos centrados no funcionamento dos meios que na dinâmica cultural por eles instaurada). Além de alguns trabalhos pioneiros e pontuais,[2] uma atenção mais voltada para a natureza

---

[1] A importância da contribuição de Gabriel Tarde (cuja obra funda a microssociologia francesa, em oposição à perspectiva de Durkheim) vem sendo redescoberta nos últimos tempos. Conforme Maigret (2010), Tarde antecipa a teoria do fluxo em duas etapas (*two-step flow*) de Lazarsfeld, apresentando uma concepção de comunicação que rejeita a ideia de uma influência direta e autoritária da imprensa e defende a existência de um público ativo.

[2] Conforme citado no capítulo 1, no item "Panorama dos estudos da comunicação" (p. 34).

dos meios e para a dinâmica da realidade midiática só vai se intensificar na segunda metade do século XX e, particularmente, nas suas últimas décadas. Ao lado dessa defasagem – temporal e de intensidade – com relação ao investimento norte-americano nas pesquisas, há que se destacar também a distinção das abordagens e da natureza dos estudos. Há uma diferença sensível nas tradições que foram construídas em um e outro lado Atlântico.

A perspectiva europeia se opõe completamente à natureza empírica e instrumental dos estudos americanos, e se constrói dentro de uma tradição mais teórico-especulativa; os trabalhos adquirem um cunho mais analítico que explicativo, os recortes são menos pontuais e mais abrangentes. Em grande parte, trata-se de análises com um foco mais amplo, buscando pensar a sociedade e a cultura; são estudos mais teóricos que aplicados, que não se ocuparam com a explicação do funcionamento do processo comunicativo (descoberta de leis), nem se desdobraram em diretrizes de intervenção. Em decorrência disso, ao longo de muitos anos, as tradições europeias e americana se desenvolveram isoladamente, e apenas no final do século XX inicia-se um diálogo entre elas. De forma mais específica, há que se ressaltar a discrepância e o distanciamento entre a Escola de Frankfurt e a Escola Funcionalista Americana (Mass Communication Research), que se desenvolveram mais ou menos na mesma época (e cujos autores, num certo momento, inclusive se entrecruzaram, como será mencionado).

Mas, naturalmente, falar em tradições europeias de forma unificada é apenas um primeiro passo para uma aproximação; as distinções entre os diferentes países e escolas são igualmente intensas e vão nos mostrar que não é possível falar em "tradição" europeia, a não ser no sentido amplo indicado acima, em contraste com a perspectiva americana.

Uma segunda ressalva é a multiplicidade de tendências e autores – grande parte deles não conformando uma "escola", mas contribuições individuais. Nossa abordagem não poderá fazer jus à riqueza e à variedade dessas contribuições e vai se ater a três grandes campos: a apresentação da Escola de Frankfurt, por seu papel inaugural e, sobretudo, por seu lugar paradigmático (conformador de uma tradição); uma rápida leitura do panorama francês, com ênfase na contribuição de Edgar Morin para o estudo da cultura de massa; uma primeira iniciação aos Estudos Culturais Britânicos.

A Escola de Frankfurt e o conceito de indústria cultural

A Escola de Frankfurt constitui uma tradição sólida, reconhecida e reconhecível, que marcou de forma intensa o pensamento crítico contemporâneo e trouxe contribuições definitivas para a análise da cultura e da comunicação na sociedade moderna. Não se trata de uma Teoria da Comunicação, mas de uma sociologia crítica ou de uma filosofia social que, por sua amplitude, repercutiu e alimentou vários campos científicos – entre eles a comunicação.

Trata-se de uma escola muito mais num sentido histórico, pela coesão que marcou a trajetória de seus membros, por uma posição de rejeição das outras correntes filosóficas e pela opção pelo pensamento crítico, pelo caminho da contradição e da negação do instituído (da sociedade vigente). A expressão "Escola de Frankfurt" designa ou entrelaça três dimensões: uma realidade institucional (um Instituto de Pesquisa criado junto à Universidade de Frankfurt na década de 1920, e que atravessa nas décadas seguintes uma existência itinerante); um grupo de intelectuais (Theodor Adorno, Max Horkheimer, Herbert Marcuse, entre outros); uma perspectiva filosófica, reconhecida como Teoria Crítica.

O Instituto de Pesquisa Social de Frankfurt

O Instituto de Pesquisa Social de Frankfurt foi criado por um grupo de jovens intelectuais judeus, marxistas, na década de 1920, na Alemanha. É preciso destacar que ele se insere em um contexto sócio-histórico turbulento e adverso, que marca indelevelmente o tipo de pensamento que é nele desenvolvido. Em primeiro lugar, há que se ressaltar um primeiro traço que unia esse diversificado grupo de intelectuais – judeus e marxistas –, que foi a experiência da permanente marginalidade e perseguição. Em segundo lugar, naquele contexto, a Alemanha sofria os custos materiais e morais da derrota na Primeira Guerra. Para a esquerda alemã, o entusiasmo gerado pela Revolução Russa de 1917 foi sensivelmente atenuado pelo fracasso das tentativas insurrecionais operárias alemãs de 1918 e 1923, bem como pelos rumos autoritários do comunismo russo e pela hegemonia crescente da política stalinista (com a instalação, em 1928, da Terceira Internacional Comunista). A saída aparece pela direita – pela pior forma da direita, que foi a ascensão do nacional-socialismo na década de 1930, e o conhecido desdobramento (interno e externo) da instalação do nazismo. Assim, a esquerda precisava encontrar uma alternativa, como sugere Duarte (2003):

> No início da década de 20, i.e., alguns anos depois do advento da Revolução Russa e imediatamente após o fracasso da tomada de poder pelos comunistas alemães em 1919, a esquerda na Alemanha encontrava-se na seguinte situação: ou apoiava os social-democratas, no poder desde o início da república de Weimar [1919], ou aceitava a liderança de Moscou e fazia oposição à social-democracia, ou, ainda, voltava-se para uma investigação científico-filosófica com o objetivo de ampliar os horizontes teóricos do marxismo, o que possibilitaria mediatamente a correção dos erros cometidos no passado e a abertura de novas perspectivas para o futuro. [...] A terceira opção não tardou a se concretizar (p. 13).

É assim que surge o instituto, resultado do investimento de um "mecenas da esquerda", o milionário Felix Weil, que queria "fundar um instituto que tivesse como primeiro objetivo servir ao estudo e ao aprofundamento do marxismo científico" (WEIL, 1929 apud WIGGERSHAUS, 2002, p. 49).[3] A proposta do instituto, que

---

[3] Segundo Rodrigo Duarte, "as razões pelas quais um ricaço estabelecido no Terceiro Mundo financiaria o empreendimento do filho no sentido de solapar em

foi negociado junto à Universidade de Frankfurt e ao Ministério da Educação e Cultura, era voltar-se para o conhecimento e a compreensão da vida social em sua totalidade, da base econômica à superestrutura ideacional e institucional, reconhecendo

> a importância tanto científica quanto prática que adquirem o conhecimento e reconhecimento da vida social em toda a sua extensão, esse monstruoso complexo de interações entre os fundamentos econômicos, os fatores políticos e jurídicos, até as últimas ramificações da vida intelectual na coletividade e na sociedade (GERLACH, 1922 apud WIGGERSHAUS, 2002, p. 50).

O Instituto foi fundado em junho de 1924 e teve como primeiro diretor o historiador marxista, austríaco, Carl Grünberg, que impulsionou trabalhos de pesquisa sobre a história do socialismo e do movimento operário, sobre a história e a crítica da economia política. Mas foi com a direção do filósofo Max Horkheimer, a partir de 1931, que o Instituto assume o perfil e a perspectiva com que será reconhecido, voltado para as relações entre a vida econômica da sociedade, o desenvolvimento psíquico dos indivíduos e as modificações do ambiente cultural. A liderança de Horkheimer é fundamental na definição da temática central das pesquisas do instituto (e do pensamento que será conhecido como Teoria Crítica), que é a crítica das relações sociais alienadas e alienantes. O pensamento crítico assume, para ele, o papel e a tarefa de resgatar o sentido e a razão num mundo marcado pela dominação e pela alienação. A tarefa do conhecimento – através da interpenetração crescente da filosofia

---

termos teóricos as bases do sistema que o tornara milionário não são bem conhecidas. Wiggershaus indica como possível razão o fato de Felix e sua irmã não terem tido dos pais a atenção necessária durante a infância, o que teria levado o velho Hermann a tentar satisfazer todos os seus desejos na idade adulta. Sheible aponta para uma motivação bem mais pragmática: segundo ele, o patrocínio se deu porque o pai de Felix pretendia estreitar os laços comerciais com a União Soviética, e a criação de um instituto que abordasse o pensamento marxista poderia lhe abrir as portas para isso" (DUARTE, 2003, p. 14).

e das ciências, e de um trabalho interdisciplinar – é o resgate da consciência: a Teoria Crítica pretende levar aos homens o inconformismo e a lucidez.

É nessa época que se aproximam do Instituto os nomes que irão marcar a chamada "primeira geração da Escola": Theodor Adorno, Herbert Marcuse, Erich Fromm. Mas, em 1933, Hitler é nomeado chanceler; nesse mesmo ano, o Instituto é fechado, e seus membros iniciam uma longa diáspora. Filiais do instituto foram abertas em Genebra, Paris e Londres, mas os membros logo se deram conta de que a Europa como um todo não lhes oferecia segurança. Assim, Horkheimer viaja aos Estados Unidos em 1934, para averiguar a possibilidade de se instalarem em Nova York. Acolhidos pela Universidade de Columbia, em 1938, praticamente todos os membros do Instituto foram para os EUA.

Inicialmente, os intelectuais de Frankfurt se sentiram muito bem acolhidos nos Estados Unidos, onde lhes foram oferecidas boas condições de trabalho – é importante lembrar que o Instituto dispunha de fundos próprios e garantiu a sustentação parcial ou integral de alguns de seus membros até o final dos anos 1930. O sociólogo austríaco Paul Lazarsfeld, que também emigrara para os Estados Unidos em 1934 e se instalara de forma mais integrada no novo meio acadêmico, serviu de elemento de ligação entre o Instituto e o mundo científico americano. Foi a seu convite que Adorno, que havia se instalado em Londres, vai para os EUA em 1938, para participar de uma grande pesquisa sobre radiodifusão (o Princeton Radio Research Project), financiada pela Rockefeller Foundation. A lua de mel, entretanto, não foi duradoura, e rapidamente o estilo crítico-analítico dos intelectuais alemães entrou em choque com a demanda pragmática operacional que marcava o trabalho científico americano. Recordando sua entrada no centro de pesquisas dirigido por Lazarsfeld, Adorno registraria:

> Eu pude, no entanto, compreender isto: tratava-se da acumulação de dados que deveriam ser utilizados na formulação da planificação, seja diretamente na indústria ou em instituições culturais e outras associações.

Era a primeira vez que eu tinha diante dos olhos a *administrative research* (pesquisa administrativa): não sei mais, agora, se foi Lazarsfeld quem formulou essa noção ou eu, em meu espanto diante de um tipo de ciência tão desconcertantemente para mim, orientado para a prática imediata (ADORNO, 1969 *apud* WIGGERSHAUS, 2002, p. 267-268).

Também Horkheimer reagia fortemente ao positivismo reinante em todos os domínios científicos; em contrapartida, o enfoque marxista do Instituto, a natureza especulativa de seu investimento, a rejeição ao trabalho empírico também criaram dificuldades para os pesquisadores que, ao final da década de 1930, veem o capital para seu sustento ir diminuindo. Paralelamente às dificuldades acadêmicas e de sobrevivência, o próprio cenário e rumos da vida americana – o New Deal e a realidade de desemprego reinante; a política do macartismo, a dinâmica industrial-consumista da democracia americana – estabelecem para os pensadores alemães um novo parâmetro para sua análise da vertente de dominação e alienação da sociedade capitalista avançada.

Nos Estados Unidos, a revista do Instituto, *Journal of Social Research*, passou a chamar-se *Studies in Philosophy and Social Science*. Essa revista, sob a direção de Horkheimer e Adorno, constituiu o fio de unidade e diálogo entre os diferentes pensadores filiados (com maior ou menor proximidade) à perspectiva da Teoria Crítica, tais como Herbert Marcuse, Erich Fromm, Siegfried Kracauer, Leo Löwenthal.[4]

Esses intelectuais permanecem nos EUA até 1950, quando o Instituto retorna a Frankfurt.[5] Nesse momento, outros nomes começam a compor uma "segunda geração da Escola"

---

[4] Kracauer é autor de um estudo clássico sobre o cinema alemão, *De Caligari a Hitler*, publicado em 1947. Löwenthal se dedicou a reflexões estéticas e sociologia da arte; seu texto *The Triumph of Mass Idols*, sobre as biografias publicadas nas revistas de grande circulação, originalmente publicado em 1944, antecipa a reflexão sobre a temática contemporânea das celebridades.

[5] Alguns deles, no entanto, como Marcuse, permanecem nos Estados Unidos.

– os herdeiros da Teoria Crítica, cujo nome mais reconhecido é o filósofo Jürgen Habermas. Entre os membros da primeira geração, apenas Adorno, retornando para Frankfurt no final de 1949, retoma suas atividades acadêmicas, assumindo a direção do Instituto até 1969.

No final dos anos 1960, Adorno assistiu às agitações estudantis que, na sequência do maio de 1968 francês, eclodiram em todos os países. À frente da direção do Instituto, Adorno viveu uma situação de enfrentamento com os estudantes de Frankfurt, que – ironicamente – nessa onda de rebelião e transgressão, haviam se inspirado na perspectiva antitotalitária da Teoria Crítica. Adorno morre em 1969, desgostoso e nostálgico da lucidez de um mundo que ele não chegou a conhecer.

Um grupo de intelectuais

A história do Instituto destacada acima se confunde com a trajetória de seus membros – da fundação da instituição em 1923 ao exílio nos EUA e posterior retorno à Alemanha no pós-guerra. De qualquer forma, é preciso destacar aqui, em linhas gerais, a inserção de alguns dos mais importantes pensadores na construção da Teoria Crítica.[6]

Theodor Adorno (1903-1969) nasceu em uma família rica e culta da Alemanha. Filho de pai judeu e mãe católica, Adorno iniciou muito cedo sua formação em música – que será objeto de reflexão do pensador anos mais tarde. Ele se doutorou na Universidade de Frankfurt com apenas 21 anos e, depois de tentar se estabelecer em Oxford, foi para os Estados Unidos junto a outros intelectuais do Instituto de Pesquisa Social. No exílio, ao lado de Max Horkheimer, escreveu um dos clássicos da Teoria Crítica, *Dialética do esclarecimento*, e cunhou o conceito de *indústria cultural* – que será discutido em seção posterior.

---

[6] Os dados biográficos aqui relatados foram extraídos de Nobre (2008) e Wiggershaus (2002).

Max Horkheimer (1895-1973) era filho de um empresário do ramo de tecidos na Alemanha, simpatizante do judaísmo ao lado de sua esposa. Contra os desejos do pai, Horkheimer decidiu não seguir a profissão lucrativa daquele e ingressou na carreira universitária. Defendeu sua tese de doutorado em 1925, em Frankfurt, e ministrou ciclos de palestras em filosofia contemporânea nos anos seguintes. Em 1931, assumiu a direção do Instituto de Pesquisa Social e liderou a conformação da Teoria Crítica nessa instituição. Sua discussão sobre a *indústria cultural*, em parceria com Adorno, é fundamental nas reflexões sobre a mídia no campo da comunicação.

Herbert Marcuse (1898-1979) nasceu em uma família alemã judia e rica (seu pai também era do ramo da indústria têxtil). Estudou literatura alemã (além de, paralelamente, filosofia e economia política) e defendeu sua tese de doutorado sobre o romance de arte alemão em 1922. Tornou-se professor de filosofia em 1928, em Friburgo, onde viria a trabalhar ao lado de Martin Heidegger. Ele passa a atuar junto ao Instituto em 1933, exila-se junto a outros membros nos EUA, onde construiu o restante de sua carreira universitária. Um conceito importante na obra de Marcuse é o de *sociedade unidimensional*, utilizado para pensar como a lógica capitalista conforma indivíduos controlados, subjugados, sem consciência.

Também de origem judia, Walter Benjamin (1895-1940) era filho de comerciantes alemães. Com formação em Filosofia, Benjamin defendeu sua tese de doutorado sobre crítica de arte no romantismo alemão em 1919. Tentou ingressar na Universidade de Frankfurt, em 1925, mas seu trabalho de habilitação foi recusado pela instituição; passou, então, a fazer carreira de crítico literário e de arte na imprensa. Sua inserção no Instituto acontece em 1937, mas não se prolonga muito: em setembro de 1940, fugindo dos regimes totalitários da Europa, ele é capturado pela polícia franquista na Espanha e, temendo ser entregue à Gestapo, se suicida. A discussão sobre a reprodutibilidade técnica realizada por ele é fundamental para refletir sobre a indústria cultural e será retomada no próximo capítulo.

Jürgen Habermas (1929-) tem uma inserção tardia no Instituto e integrará a chamada segunda geração da Teoria Crítica.[7] Nasceu em uma família burguesa politicamente conformista – seu pai era presidente da Câmara de Indústria e Comércio, em Gummers-Wachsen – e construiu sua formação em Filosofia, História, Psicologia, Literatura Alemã e Economia. Defendeu sua tese de doutorado sobre Schelling, em Bonn, em 1954 e, em 1956, tornou-se assistente de pesquisa do Instituto. Seus trabalhos sobre a construção da democracia e a realização do debate na esfera pública, bem como o papel da mídia nesse processo, são importantes para refletir sobre a inserção dos *media* na sociedade contemporânea.

Esses são alguns dos nomes mais importantes associados à Teoria Crítica. Ainda que haja inúmeras diferenças no pensamento desses filósofos, podemos retomar alguns eixos dessa perspectiva que eles compartilham e que permitem que eles sejam agrupados no que chamamos de Escola de Frankfurt – o que faremos a seguir.

A Teoria Crítica

Filosoficamente, a Escola de Frankfurt não chega a ser uma "escola", pois seus diferentes autores desenvolveram perspectivas próprias, por vezes com pressupostos conflitantes. Mas a Teoria Crítica é nucleada por um eixo comum, expressão da crise teórica e política do século XX, que se desdobra em uma crítica tríplice:

– Crítica à ciência e ao pensamento positivista, à perspectiva empirista da ciência, que desenvolve um olhar reprodutor da vida social;

---

[7] Os primeiros trabalhos de Habermas, incluindo o clássico *Mudança estrutural da esfera pública* (1962), podem ser situados junto às obras da primeira geração, na medida em que compartilham a crítica à sociedade industrial capitalista e ao comprometimento da emancipação humana, como será destacado na seção seguinte, sobre os eixos da Teoria Crítica. Entretanto, em obras posteriores, o próprio Habermas revê seu posicionamento acerca do desenvolvimento da sociedade e da cultura na contemporaneidade – distanciando-se do pessimismo que marcou, de modo geral, as reflexões da primeira geração.

– Crítica à dominação da sociedade tecnológica, ao logro do Iluminismo que, prometendo aos indivíduos a autonomia da razão, promoveu a submissão a uma razão instrumental. No lugar da emancipação, a realização do projeto iluminista subjugou os seres humanos a um tipo de razão que se confunde com progresso; a um projeto de dominação crescente da natureza e dos próprios sujeitos;
– Crítica à cultura ou à deterioração da cultura, que, submetida a imperativos comerciais e mercadológicos, nega sua natureza transcendente e seu papel de conscientização e humanização dos indivíduos. O desenvolvimento e a ação dos meios de comunicação bloquearam definitivamente o potencial libertador da cultura e transformaram-na em instrumento de domesticação.

Em última instância, a Teoria Crítica assume como seu papel promover uma crítica racional dos rumos tomados pela racionalidade iluminista, uma denúncia da dimensão coercitiva que se esconde por trás do discurso libertador da razão. A *Aufklärung* (Iluminismo ou Esclarecimento) compreende um saber cuja essência é a técnica, o progresso, a calculabilidade, a utilidade. "O esclarecimento comporta-se com as coisas como o ditador se comporta com os homens. Este conhece-os na medida em que pode manipulá-los" (ADORNO; HORKHEIMER, 1985, p. 24). A razão iluminista é uma razão instrumental,[8] comprometida não com um projeto de autonomia e emancipação dos sujeitos, mas com um projeto de dominação e domesticação. Faz parte desse projeto a construção de uma sociedade do bem-estar, a satisfação associada a consumo, a exacerbação do desejo do "ter". A esse projeto, sucumbiram a ciência e a cultura. Expropriados do poder de pensar, reféns das benesses do progresso tecnológico, os

---

[8] Contrapondo-se à perspectiva iluminista, para Horkheimer, a razão não existia para encontrar finalidades, e, sim, para servir de instrumento a fins determinados de outra maneira. A razão predominante na sociedade moderna é a razão instrumental, que servia para encontrar os meios apropriados aos fins que, em última análise, visavam à autoconservação do sujeito (WIGGERHAUSS, 2002, p. 375-376).

indivíduos perderam qualquer poder de resistência, bem como os últimos resquícios de sua consciência no contexto da sociedade capitalista avançada, marcada pela dinâmica produtivista, pelo avanço tecnológico e pela lógica do mercado.

Fundadas na tradição alemã, as raízes teóricas desse pensamento entrelaçam contribuições diversas. De Hegel, a perspectiva de Frankfurt retoma a sua crítica da razão e a ótica dialética. Na abordagem hegeliana, a realidade histórica é vista "enquanto manifestação da razão, num processo incessante de autossuperação desencadeado pelo *conflito* e pela *contradição* que lhe são inerentes. Tal é 'o *movimento dialético*, esse caminho que produz a si mesmo'" (QUINTANEIRO; BARBOSA; OLIVEIRA, 2002, p. 28). A abordagem dialética cuida, assim, "de apontar as contradições constitutivas da vida social que resultam na *negação* e *superação* de uma determinada ordem" (p. 29). Ancorados nessa perspectiva, os filósofos da Teoria Crítica denunciam a dominação que marca a sociedade capitalista e buscam a superação da ordem vigente a partir da emancipação humana.

As contribuições de Marx também podem ser situadas entre os alicerces da Escola de Frankfurt, particularmente, a ideia de que vivemos em uma sociedade de classes, marcada por conflitos e contradições. "Herdeiro do ideário iluminista, Marx acreditava que a razão era não só um instrumento de apreensão da realidade mas, também, de construção de uma sociedade mais justa" (QUINTANEIRO; BARBOSA; OLIVEIRA, 2002, p. 27-28). Os pensadores frankfurtianos também compartilham essa visão de uma sociedade de classes e têm como foco central de sua reflexão a crítica do capitalismo e de seu projeto de dominação ideológica.

Outra base teórica importante é a Psicanálise freudiana, retomada para dar conta de lacunas da abordagem marxista na compreensão da formação da ideologia. "O quadro marxista se mostra insuficiente diante da tarefa de explicar os mecanismos de assujeitamento à ideologia dominante" (MARIN, 2008, p. 229). É, portanto, a ideia de recalque que a Escola de Frankfurt retoma na tentativa de compreender a opressão dos sujeitos pela sociedade capitalista:

> Quando, em uma situação traumática ou mesmo quando em uma situação corriqueira, uma simples percepção se torna insuportável, o afeto conectado a essa percepção se desconecta e está livre para se juntar a uma representação menos carregada. A representação insuportável em questão é, assim, recalcada (MARIN, 2008, p. 249).

De modo geral, a Teoria Crítica combina essas contribuições de Hegel, Marx, Freud, além de elementos da visão pessimista de Nietzsche e Schopenhauer na construção de sua abordagem. Certamente, existem peculiaridades na apropriação que cada pensador faz dessas perspectivas, o que não cabe discutir aqui. Abordaremos, em seguida, como a Teoria Crítica (e seus alicerces teóricos) se manifestam em uma reflexão importante para o campo da comunicação: sobre o conceito de indústria cultural.

A indústria cultural

Inscrito na perspectiva da crítica da cultura e do anti-iluminismo, o conceito de "indústria cultural", cunhado por Adorno e Horkheimer, num livro publicado em 1947 (*A dialética do esclarecimento*), constitui uma contribuição fundamental da Teoria Crítica para o estudo dos meios de comunicação e da moderna realidade midiática. Trata-se de uma aplicação direta do conceito marxista de fetiche da mercadoria aos produtos culturais: convertida em mercadoria, coisificada em produtos agora regidos por seu valor de troca, a cultura se converte em apenas mais um ramo de produção do capitalismo avançado.

Para uma melhor compreensão do conceito de indústria cultural, é interessante discutir e explorar as várias noções e aspectos que ele inclui.

1. Cultura e arte. A primeira delas é a concepção de cultura que instrui a crítica da cultura promovida por esses autores. Cultura é uma dimensão espiritual que se opõe (se distingue) de civilização; esta corresponde ao progresso técnico, ao avanço das condições materiais, à organização institucional da vida social e das condições de sobrevivência. Cultura é mais do que civilização e compreende a dimensão espiritual que promove o crescimento da consciência, da sensibilidade e da autonomia. Diz respeito ao conjunto de fins morais, estéticos e intelectuais que regem e dão uma outra dimensão à vida social: a cultura compreende o processo de humanização dos sujeitos. Nesse sentido, ela não deve se submeter, mas, ao contrário, guardar distância e autonomia com relação à vida material; é isso que lhe confere seu caráter universal e faz com que a cultura, "expressão do sofrimento e da contradição", possa apontar para a ideia de uma "vida verdadeira".

Mas, advertem os autores, o processo de humanização que deveria se caracterizar pela transformação da civilização em cultura se define pelo seu contrário: a cultura se integra ao mundo material, perde seu caráter transcendental (de barreira à barbárie):

> A cultura que, de acordo com seu próprio sentido, não somente obedecia aos homens, mas também sempre protestava contra a condição esclerosada na qual eles vivem, e nisso lhes fazia honra; essa cultura, por sua assimilação total aos homens, torna-se integrada a essa condição esclerosada; assim, ela avilta os homens ainda uma vez (ADORNO, 1978, p. 288-289).

Em grande medida, sua discussão de cultura se confunde com a natureza e o papel da arte. A verdadeira arte não é aquela que aproxima suas obras da realidade, que retrata a realidade, mas, ao contrário, aquela que contraria, que nega. É pela negação e pelo contraste que a arte deixa ver uma *outra* realidade. Enquanto tal, enquanto negação do real dado, ela constitui uma maneira rica e insubstituível de conhecimento (negar o dado, o instituído, é vislumbrar as outras possibilidades que são negadas, que não foram realizadas).

É nesse sentido que se pode falar da natureza utópica do pensamento de Adorno e Horkheimer. A utopia é um pensamento que se nega a parar no estabelecido, no instituído, nas condições que foram dadas, e sempre busca, na negação do que é, alcançar aquilo que pode ser. A utopia é essa busca de outros possíveis.[9] Ela é revolucionária, pois ameaça o *status quo*, ameaça as instituições conservadoras. A arte cumpre, para os autores, esse papel utópico, e é o caminho da utopia que a Teoria Crítica persegue; apontando e transcendendo a irracionalidade do real, ela configura o único espaço de uma possível transformação social. A arte é utópica. O projeto da indústria cultural, ao contrário, é conservador, é um pensamento de manutenção. Assim, essa cultura que se integra, que vira indústria, que entra no esquema industrial-mercadológico, perde a sua essência, que é o distanciamento, a crítica, a possibilidade de libertação. Ela perde a sua dimensão transcendental.

Então, chamar a produção dos meios de comunicação de cultura é um equívoco, e o termo cultura de massa contém uma contradição, porque a característica da cultura é exatamente resgatar e promover a individualidade; uma cultura massificada, padronizada e padronizadora já não é mais cultura. O papel da cultura (da verdadeira cultura) tanto é promover a leitura da diferença quanto resgatar a singularidade dos sujeitos que experimentam/fazem a experiência da cultura. A individualidade dos produtos, das formas é exatamente a riqueza da arte; a massificação é a derrota da cultura frente à dinâmica de mercantilização de seus produtos. A indústria cultural se configura, portanto, como um "sistema da não cultura" (ADORNO; HORKHEIMER, 1985, p. 121).

2. Massa/massificação. Outro elemento fundamental na construção do conceito de indústria cultural é a noção de massa e massificação, que advém do pensamento político conservador do século XIX, associando o advento da sociedade de massa com o tema da

---

[9] A propósito, é interessante lembrar uma das frases que foram pichadas nas ruas de Paris, em maio de 1968, inspiradas exatamente pelo pensamento utópico revolucionário da Teoria Crítica: "Sejamos realistas – aspiremos ao impossível".

decadência. Trata-se de uma perspectiva aristocrática, desenvolvida por autores como G. Le Bon, Ortega y Gasset,[10] que olhavam com desprezo e temor para a nova conformação social e urbana das sociedades industriais, marcada pela presença das grandes multidões e da "mediocratização" dos gostos e dos valores.[11] As massas constituiriam um fenômeno regressivo e uma ameaça à estabilidade tanto da cultura quanto da política, comprometendo os rumos e direção da sociedade. Na massa, as diferenças são apagadas, as individualidades se diluem num processo de homogeneização. A massa é um coletivo que perde suas distinções internas e se torna um todo disforme e facilmente conduzido e manipulável, movido por estímulos externos ao próprio coletivo.

O conceito de massa substitui a noção de classe, e a ênfase no processo de dominação racional faz com que ela venha a se contrapor à ideia de indivíduo. "Classe" é um sujeito político e social; diz respeito a um coletivo em que seus membros compartilham características e interesses específicos, a partir de sua posição na estrutura da sociedade. O capitalismo contém duas classes fundamentais: a burguesia e o proletariado. O proletariado (classes populares) se constitui enquanto classe na medida em que partilha a exploração e expropriação de seu trabalho, está submetida a um mesmo processo de dominação e está em posição de antagonismo com a classe dominante (burguesia). A ideia de classe está cimentada em interesses comuns que aproximam e mobilizam na mesma direção.

---

[10] Assunto tratado também no capítulo 2, no item "A Teoria da Sociedade de Massa" (p. 54).

[11] Para G. Le Bon, na massa, os traços pessoais dos indivíduos (inteligência, ocupação, caráter) desaparecem, e todos são dotados de um tipo de "alma coletiva": "na alma coletiva, as atitudes intelectuais dos homens e, consequentemente, sua individualidade, se apagam. O heterogêneo se dissolve no homogêneo, e as qualidades inconscientes dominam" (LE BON, 2006, p. 12). Ortega y Gasset lamenta o novo cenário social que ele vê surgir na primeira metade do século XX, marcada pela presença das massas, da "coletividade": "sim, a coletividade é bem qualquer coisa de humano; mas é o humano sem o homem, o humano sem espírito, o humano sem alma, o humano desumanizado" (ORTEGA Y GASSET, 2008, p. 160).

Ora, a substituição de classe por massa significa a diluição da consciência desses interesses específicos; significa que eles não aglutinam nem mobilizam mais. Os indivíduos perderam tanto essa dimensão de interesses específicos quanto a consciência do seu lugar na estrutura social; em consequência, perderam sua referência de mobilização e de luta. A massa não se mobiliza por seus próprios interesses, mas por estímulos externos. Submetida a uma dinâmica de padronização, de domesticação, a massa reage homogeneamente aos estímulos de seu senhor. O conceito de massa tem efeito na cultura; remete a um tipo de cultura regressiva, associada à barbárie e ao primitivismo.

Nesse processo de massificação, a indústria cultural cumpre um papel central: ela é o próprio instrumento de massificação, de homogeneização, de domesticação. Ou seja, a massa é produzida pela indústria cultural.[12]

> Na medida em que nesse processo a indústria cultural inegavelmente especula sobre o estado de consciência e inconsciência de milhões de pessoas às quais se dirige, as massas não são, então, o fator primeiro, mas um elemento secundário, um elemento de cálculo; acessório da maquinaria. [...] As massas não são a medida, mas a ideologia da indústria cultural [...] (ADORNO, 1978, p. 288).

---

[12] Veja-se o episódio das sereias, na *Odisseia*, analisado por Adorno e Horkheimer como alegoria do processo da *Aufklärung* (Esclarecimento ou Iluminismo), que é o aprendizado da renúncia para garantir a sobrevivência. (ADORNO; HORKHEIMER, 1990). Conforme Ortiz (1985), "Ulisses, ao tapar os ouvidos dos remadores, ao ser atado pelos marinheiros ao mastro do navio, pôde escutar o canto das sereias sem ser enfeitiçado por elas. Adorno e Horkheimer o consideram portanto como um precursor do Iluminismo uma vez que ele recusa atender ao chamado de uma outra ordem que põe em risco a racionalidade do seu próprio mundo. Na sociedade industrial nosso herói mítico não mais necessitaria de fechar seus ouvidos, ele seria incapaz de reconhecer a música das sereias. 'Hoje a regressão das massas consiste na incapacidade de ouvir o que nunca foi ouvido, de palpar com as próprias mãos o que nunca foi tocado' (ADORNO; HORKHEIMER, 1975, p. 120). O homem-massa seria portanto aquele que se conforma com a sua pequenez e é incapaz de perceber o que se encontra além dele."

O conceito de massa também se contrapõe à ideia de indivíduo, de individualidade. O indivíduo é a sede última de lucidez, da autonomia, da reflexão; quem pensa, quem sente, quem tem consciência são indivíduos singulares. E são esses indivíduos – com potencial para crescer na sua singularidade como seres dotados de sensibilidade e desejo – que desaparecem na massa. A massa aborta sua possibilidade de emancipação. Para Adorno e Horkheimer, o homem-massa odeia tudo que não é ele mesmo; ao perder sua identidade, ele busca o tempo inteiro o semelhante, a padronização, o mesmo – para não se reconhecer na pequenez a que ele foi convertido. Nas palavras de Adorno, "a ideia de que o mundo quer ser enganado tornou-se mais verdadeira do que, sem dúvida, jamais pretendeu ser" (ADORNO, 1978, p. 292).

3. Arte superior e arte inferior. A discussão da indústria cultural tem como contraponto dois outros domínios, que Adorno e Horkheimer tomam como distintos: o domínio de uma "arte superior" e o domínio de uma "arte inferior", que corresponderiam à arte erudita e arte popular, respectivamente. Deixando de lado, por enquanto, o aspecto valorativo (superior/inferior), sua compreensão supõe inicialmente um olhar histórico sobre essa classificação. Numa visão um tanto idealizada, até o século XIX, esses domínios culturais eram tomados como distintos e separados. De um lado, a vida e as formas culturais da nobreza; de outro, o povo. Na vida da corte, assistia-se ao florescimento das artes: o teatro, a música, a pintura, as esculturas, a literatura. Numa outra esfera, camponeses e plebeus desenvolviam formas culturais mais rudes e prosaicas (festas, músicas, encenações), mas não desprovidas de autenticidade e de ligação com a experiência. Eram segmentos separados, mundos distintos, mas cada qual dotado de sua pureza e forma próprias. O século XIX, com a Revolução Francesa e a ascensão da burguesia, acena com um novo cenário: a libertação da arte dos poderes aristocráticos; a exuberância da produção artística e cultural; a possibilidade de ampliar o acesso popular às formas consagradas da arte.

Numa visão elitista da arte, que a toma como lugar das formas mais acabadas de criação e espiritualização, Adorno e Horkheimer vislumbram, naquele momento, a possibilidade de ampliação das condições não apenas de acesso, mas de fruição da arte. Mas essa é uma promessa que não se realiza. O século XX traz o desenvolvimento dos meios de comunicação; a indústria cultural se impõe como um denominador comum que corrói a força e a autenticidade dos dois domínios. Da cultura erudita, ela retira a pureza formal, o rigor, o estranhamento, o novo. Da cultura popular, sua ligação com a vida. "A arte superior se vê frustrada de sua seriedade pela especulação sobre o efeito; a inferior perde, através de sua domesticação civilizadora, o elemento de natureza resistente e rude, que lhe era inerente enquanto o controle social não era total" (ADORNO, 1978, p. 287-288). A indústria cultural se impõe como um parasita, que suga e destrói o existente.[13]

4. **A forma mercadoria.** As formas culturais se orientam não segundo uma proposta própria, mas em função da sua comercialização; a obra não obedece mais a seus requisitos formais ou de conteúdo, mas ao seu sucesso. E sucesso quer dizer dinheiro, venda. "Toda a práxis da indústria cultural transfere, sem mais, a motivação do lucro às formas espirituais" (ADORNO, 1978, p. 288).

A forma mercadoria não exige o novo; aliás, abole o novo (que pode ameaçar o sucesso). "O que é novo na indústria cultural é o primado imediato e confesso do efeito" (ADORNO, 1978, p. 188), que nunca tinha sido tão deliberada e escancaradamente colocado como objetivo das obras culturais. A outra novidade é a variação da mesmice, através dos processos de padronização e de pseudoindividualização: "o insistentemente novo que ela oferece, permanece, em todos os seus ramos, a mudança de indumentária de um sempre semelhante" (ADORNO, 1978, p. 289).

---

[13] Uma telenovela que faz uma "adaptação" de um clássico da literatura; a reprodução comercial de obras artesanais de uma tradição cultural popular seriam exemplos dessa expropriação realizada pela indústria cultural.

Os produtos da indústria cultural se caracterizam por um modelo padrão, uma estrutura central, à qual se acrescentam novidades e variações de detalhe, que vão dar ao consumidor a ilusão da individualidade do produto. Nas palavras de Adorno,

> O correlativo indispensável à padronização musical é a pseudo-individualização, [...] o que implica dotar a produção da cultura de massa de um halo de livre escolha ou de mercado aberto sobre a base da padronização. A padronização das canções de sucesso mantém os consumidores ao desempenhar o papel de ouvintes por eles. A pseudo-individualização, por seu lado, faz os consumidores esquecerem que aquilo que escutam já foi escutado ou "previamente digerido" (ADORNO, 1991 *apud* STRINATI, 1999, p. 74).

Mas a ideia de mercantilização não se traduz num processo simples de compra e venda. A indústria cultural não se importa somente com o lucro; na verdade, mais do que o lucro imediato importa criar a audiência cativa, consolidar a atitude de aceitação – criar a dependência: "dependência e servidão dos homens, objetivo último da indústria cultural" (ADORNO, 1978, p. 294).

5. Técnica e indústria. O conceito de técnica, na indústria cultural, não diz respeito, como na obra de arte, "à organização imanente da coisa, à sua lógica interna" (ADORNO, 1978, p. 290); não é o detalhe que confere a singularidade da obra, a genialidade da criação (o traço que distingue e eleva um quadro de Picasso, a forma que marca a escultura de Rodin). Ela permanece externa ao produto e se refere antes aos mecanismos de reprodução e distribuição. A técnica possibilita a produção em larga escala, expande e disponibiliza o produto, arrancando-o inclusive do seu contexto de criação e sentido (ex. da sinfonia transmitida pelo rádio, e ouvida na cozinha, entre a atenção com as panelas e o barulho do liquidificador).

Já o termo "indústria", para Adorno, diz respeito à produção em escala, à estandardização do processo de produção, à racionalização das técnicas de distribuição. Alguns setores da indústria cultural (Adorno cita o cinema; poderíamos falar hoje de televisão) funcionam dentro dos moldes de uma refinada produção industrial: divisão de trabalho, utilização de sofisticada infraestrutura técnica, estratégias mercadológicas, etc. Mas ela conserva também formas de produção individual e localizadas (como o artesanato, as festas populares) que apenas aparentemente escapam da dinâmica industrial.

6. Ideologia e alienação. Na perspectiva de alguns autores, a ideologia é tratada em oposição ao real; uma dimensão imaginária (campo dos sentidos) que pretende negar sua base material. Assumindo a ideologia, os sujeitos são revestidos de uma "falsa consciência", e o trabalho de conscientização compreende exatamente ultrapassar a ideologia e alcançar uma "verdadeira consciência" (expressão de Lukács). Nessa perspectiva, existe uma ordem ideológica exterior à consciência alienada. Para a teoria crítica, a ideologia já penetrou em todas as instâncias; na sociedade industrial avançada já não existe uma parte autônoma que escaparia às relações de dominação. A consciência não é mais livre na sociedade industrial, uma vez que a realidade tecnológica envolveu a tudo e a todos; atingindo-se a unidimensionalidade das consciências, qualquer contradição foi eliminada.

Assim, entre emissores e receptores não há diferenças fundamentais (Ulisses e os remadores estão privados do gozo pleno): a ideologia está na engrenagem da práxis; dominadores e dominados fazem parte do mesmo processo – estão ambos submetidos à realidade da dominação.

Também não faz sentido falar em processo de influência ou persuasão – pois este pressupõe alguma autonomia do receptor, uma adesão que deve ser conquistada. Ora, a autonomia não existe mais; a adesão está dada de antemão. A recepção foi programada pelo polo da produção, e o "gosto popular" consiste em mero reconhecimento. Não se trata de escolha ou desejo do receptor, pois há muito ele não sabe o que quer.

É por este caminho que Adorno e Horkheimer questionam a tese dos "intelectuais indulgentes" que atribuem à indústria cultural um caráter inofensivo e aliviador de tensão: não é inofensivo um mecanismo de construção do conformismo, do consentimento cego, da adesão incondicional ao *status quo*. Reflexão e entretenimento são incompatíveis: divertir-se significa estar de acordo. A verdadeira fruição não supõe relaxamento, mas atenção. A autonomia reflexiva não constrói a adesão, mas a negação. O tom indulgente é nefasto, porque o papel dos intelectuais não é referendar o mundo dado, mas comprometer-se com a denúncia e com a sua transformação.

Além disso, é preciso lembrar que a indústria cultural substitui as verdadeiras necessidades por necessidades supérfluas, e a satisfação que promete é uma satisfação enganadora (resultando antes em um sentimento de frustração).

7. Indústria cultural X cultura de massa. É por todos esses aspectos que a expressão "indústria cultural" foi cunhada: para evitar as ambiguidades de "cultura de massa", pois não se trata nem das massas como produtoras de uma cultura (a massa não é sujeito), nem mesmo de cultura, mas de um processo de produção de mercadorias culturais. O termo "indústria cultural" nomeia um fenômeno de natureza mercantil e ideológica.

Limites dessa contribuição

Atualmente, se fazem muitas críticas à Teoria Crítica e ao conceito de indústria cultural, e há que se perguntar da atualidade e da pertinência de suas contribuições. As principais críticas dizem respeito ao seu caráter elitista (a supremacia de uma dada visão de cultura) e a uma visão monolítica e maniqueísta: os autores não apenas promovem uma divisão muito nítida entre o bem o mal, mas também uma verdadeira demonização desse mal (da indústria cultural). Não há brechas, não há ambiguidades: o cenário contemporâneo beira à barbárie.

Há que se registrar também uma visão um tanto pessimista e negativa do ser humano (pessoas frágeis e sem resistência, iludidas e felizes nas teias da dominação) e uma concepção linear, transmissiva e simplificadora do processo de comunicação (do ponto de vista da eficácia da indústria e da estrutura psicológica dos indivíduos, essa teorização lembra – no que tange ao processo comunicativo – a velha teoria da agulha hipodérmica).

Não podemos, no entanto, negligenciar a força desse pensamento e o alcance de sua contribuição, a sua influência (mesmo longínqua) em toda a reflexão crítica sobre a mídia que foi feita desde então, a inserção definitiva das temáticas da dominação e da mercantilização na análise da cultura midiática. Aproximar e inserir a prática dos meios de comunicação na estrutura socioeconômica constitui um avanço fundamental. Depois de Adorno e Horkheimer, não podemos mais pensar a ação dos meios distante e descolada da dinâmica de poder na sociedade. Nesse sentido, a Teoria Crítica trouxe um legado definitivo – a perda da inocência.

O estudo da comunicação na França

Após algumas reflexões pioneiras de escritores e pensadores do século XIX, incidindo sobre a temática imprensa ou da conversação (Gabriel Tarde, Honoré de Balzac,[14] entre outros), estudos mais específicos sobre a comunicação na França são inaugurados no final da década de 1930, com a criação do Instituto Francês de Imprensa. É nessa instituição que Jacques Kayser desenvolve um trabalho de análise morfológica dos jornais, *Le quotidien français*, que se tornou uma obra clássica sobre o formato do jornal diário.

Depois da pausa instituída pela Segunda Guerra, é apenas na década de 1960 que alguns autores se voltam para a temática dos meios de comunicação de massa. Uma iniciativa promissora – embora breve – foi a criação, na École Pratique des Hautes Études, em sua VI Seção (nomeada Sciences Sociales et Economiques, embrião da futura *École des Hautes Etudes en Sciences*

---

[14] Em suas obras, Balzac se referiu em vários momentos aos jornalistas, sempre de forma crítica. Escreveu a pequena obra-prima *Les journalistes*.

Sociales – EHESS),[15] do Centre d'Études des Communications de Masse (CECMAS), reunindo pesquisadores de diferentes matizes, tais como Georges Friedmann, Roland Barthes, Edgar Morin, Violette Morin.

Conforme seu primeiro boletim de apresentação, assinado por Barthes, em 1961,

> [...] o CECMAS ocupa um lugar que permanecia vazio até então (pelo menos na França), e que era necessário ocupar; a pesquisa sociológica não pode permanecer indiferente a esses fenômenos massivos da sociedade contemporânea, que são o rádio, a imprensa, a televisão, o cinema, todas essas vias (*media*) pelas quais a informação e o sonho, indissoluvelmente ligados, são cotidianamente comunicados a milhões de consumidores: trata-se de fenômenos consideráveis, que devemos fatalmente estudar em todas as suas dimensões: econômica, sociológica, ideológica, e mesmo antropológica (BARTHES, 1961, p. 991, tradução nossa).

Esse centro propiciou reflexões sobre a cultura de massa, sobre os novos mitos criados pelo cinema, pela publicidade, e desenvolveu análises de conteúdo da imprensa, seus processos de produção e consumo na sociedade francesa.

Alguns outros nomes se destacam neste período: Jean Cazeneuve, sociólogo, que tanto fez uma carreira acadêmica como também uma carreira profissional junto à mídia audiovisual (participou da administração da ORTF – agência nacional francesa de rádio e televisão; foi diretor de uma televisão pública) nos anos 1960-1970. Publicou várias obras sobre a comunicação, a saber, *Les Pouvoirs de la télévision*; *La Société de l'ubiquité*; *L'Homme téléspectateur*. Registra-se também a produção de Abraham Moles, professor da Universidade de Estrasburgo,

---

[15] A VI Sessão, criada em 1947, sob a direção de Lucien Febvre, congregava grandes nomes da intelectualidade francesa, como Claude Lévi-Strauss, Fernand Braudel, Jacques Le Goff.

trabalhando no campo da Teoria da Informação e Cibernética, que buscou aplicar nos mecanismos de percepção estética. Em sua obra *La Sociodynamique de la culture* (1967), apresentou o conceito de "cultura de mosaico" – conjunto de sistemas e subsistemas de informação, cultura e educação, marcados por pouca conectividade entre si, desenvolvido por especialistas dos meios de massa.

Um trabalho pioneiro – e que mantém sua atualidade e importância até os dias de hoje – é publicado em 1962 pelo sociólogo Edgar Morin: *Cultura de massas no século XX: o espírito do tempo*. Utilizando em parte um vocabulário emprestado de Adorno e Horkheimer (indústria cultural, produção), ele subverte a perspectiva da Teoria Crítica, ao dizer que o surgimento de uma cultura que não era produzida nem pelas instituições (Igreja, Estado) nem pelas elites, mas por empresas submetidas às leis do mercado, constitui primeiramente um ato de democratização da cultura (MAIGRET, 2003, p. 178) e vem inaugurar a "primeira cultura universal da história da humanidade" (MORIN, 1997, p. 16).

Essa obra se inscreve no que Mauro Wolf nomeia *teoria culturológica*, uma corrente voltada para o estudo da cultura de massa, "determinando seus elementos antropológicos mais relevantes e a relação que nela se instaura entre o consumidor e o objeto de consumo" (WOLF, 2003, p. 94). As reflexões de Morin – e de outros pesquisadores junto ao CECMAS – são inspiradas pelo ambiente acadêmico francês e por uma corrente de pensamento dominante naquele contexto: o estruturalismo.[16]

O estruturalismo é uma perspectiva que propõe analisar diferentes fenômenos sociais a partir da ideia de *estrutura*. Uma estrutura pode ser pensada a partir de três eixos interligados:

---

[16] Não entraremos aqui no papel exercido pela reflexão de Pierre Bourdieu (certamente, o sociólogo francês de maior destaque na segunda metade do século XX) no campo da sociologia da cultura, que mereceria um capítulo à parte. Para Bourdieu, o social codifica as relações de comunicação, que irão reproduzir a estrutura de dominação. Nesse sentido, os meios estão a serviço das classes dominantes, e tanto a mídia quanto a cultura trabalham operando distinções e legitimando as hierarquias de classe.

a totalidade, as transformações e a autorregulação (PIAGET, 1970). A totalidade diz respeito às composições de elementos que formam a estrutura e que "conferem ao todo, enquanto tal, propriedades de conjunto distintas daquelas que pertencem aos elementos" (PIAGET, 1970, p. 10). O segundo eixo traz a ideia de que "uma atividade estruturante não pode consistir senão em um sistema de transformações" (PIAGET, 1970, p. 12). Ou seja, os próprios sistemas coordenam sua mudança. O terceiro eixo enfatiza que uma estrutura se regula a si mesma, o que acarreta "sua conservação e um certo fechamento": "as transformações inerentes a uma estrutura não conduzem para fora de suas fronteiras e não engendram senão elementos que pertencem sempre à estrutura e que conservam suas leis" (PIAGET, 1970, p. 15). Em síntese, uma estrutura é vista como um todo, composto por partes interligadas, as quais compõem um sistema distinto, marcado por uma dinâmica de equilíbrio interno e que coordena sua regulação e suas transformações.

Essa ideia de estrutura emerge no campo da linguística, a partir do *Curso de Linguística Geral*, ministrado em 1916 por Ferdinand de Saussure, considerado o grande inspirador da perspectiva estruturalista. Ainda que use o termo *estrutura* apenas três vezes em seu curso (DOSSE, 2007), Saussure constrói a base de entendimento dessa noção para a perspectiva que será fundada anos depois.

Na abordagem saussuriana, a língua deve ser pensada como uma grande estrutura, ou seja, como "um sistema fechado de formas em mútua oposição e não um conjunto de conteúdos, de noções ou significações" (DOSSE, 2007, p. 12). Esse sistema, para o autor, preexiste ao uso que os sujeitos fazem dele e é "um fenômeno social cujas regras se constituem em plena revelia do sujeito que delas faz uso" (DOSSE, 2007, p. 12). Essa concepção de estrutura usada por Saussure para pensar a língua será apropriada por outros estudiosos para refletir sobre diferentes fenômenos sociais, construindo "uma verdadeira revolução de todas as ciências humanas em pleno século 20" (DOSSE, 2007, p. 24).

Na década de 1950, Claude Lévi-Strauss retoma as contribuições da linguística estrutural para afastar a Antropologia das ciências da natureza e evidenciar a dimensão cultural que deve ser observada nas análises antropológicas. O autor aciona não apenas a visão saussuriana, como também a perspectiva de outro linguista estruturalista (Roman Jakobson), trazendo a noção de estrutura para analisar os sistemas em vigor nas sociedades primitivas:

> As duas grandes lições que ele conserva para a antropologia são, por um lado, a investigação de invariantes para além da multidão de variedades identificadas e, por outro lado, o afastamento de todo e qualquer recurso à consciência do sujeito falante, logo a preponderância dos fenômenos inconscientes da estrutura (DOSSE, 2007, p. 54).

Assim como Lévi-Strauss, outros intelectuais retomam a ideia de estrutura nas décadas de 1950 e 1960. Jacques Lacan, na Psicanálise; Roland Barthes, na Teoria Literária; Louis Althusser e Michel Foucault, na Filosofia. Não cabe aqui evidenciar as especificidades do pensamento de cada um desses estudiosos. O importante a ser enfatizado é que a perspectiva estruturalista desenvolvida por estes e outros autores "teve um impacto profundo e duradouro sobre o pensamento comunicacional, especialmente em três direções", nos lembra Miège (2000, p. 45 e ss.): no aperfeiçoamento da análise estrutural das narrativas, a partir dos textos literários, incluindo outros tipos de texto; na análise das mensagens audiovisuais, superando o quadro da comunicação estritamente linguística; no tratamento da análise estrutural do discurso.

O estruturalismo, como já dito, era o movimento dominante no pensamento francês no contexto de fundação do CECMAS e teve forte reflexo nos trabalhos que foram desenvolvidos naquele centro – além de Barthes, também na "teoria culturológica" de Edgar Morin, a quem cabe fazer uma distinção especial.

Edgar Morin e a cultura de massa

Edgar Morin (1921-) é um importante sociólogo, filósofo e antropólogo francês. De origem judia, perdeu a mãe muito jovem e vivia com o pai em Paris, onde nasceu. Durante a Segunda Guerra Mundial, filiou-se ao Partido Comunista e chegou a participar da Resistência Francesa, lutando para combater os alemães. Um dos fundadores do CECMAS, Morin é considerado um dos mais importantes intelectuais vivos da contemporaneidade.

Grande parte de sua obra é dedicada a refletir sobre a educação e o aprendizado, a ciência e a epistemologia, buscando re(construir) o que ele chama de *pensamento complexo:* para Morin, é preciso resgatar a inteireza da totalidade social, a fim de compreender a complexidade do mundo. Para tanto, a mesma ciência que fragmentou a realidade social (com a criação de disciplinas) deve buscar afirmar um paradigma contrário, que é o da totalidade, a fim de produzir um conhecimento mais complexo. Suas reflexões sobre a cultura de massa na década de 1960 podem ser vistas como uma contribuição pontual em sua vasta produção acadêmica. Entretanto, elas trazem contribuições importantes e ainda muito atuais para pensar sobre a mídia e seus produtos, como discutiremos a seguir.

1. Cultura, cultura de massa e indústria cultural. A cultura é definida por Morin como "um corpo complexo de normas, símbolos, mitos e imagens que penetram o indivíduo em sua intimidade, estruturam os instintos, orientam as emoções" (Morin, 1997, p. 15). Nesse sentido, a cultura se refere a um universo simbólico que está em estreita relação com a vida prática dos sujeitos. Ou seja, esse universo simbólico penetra nos indivíduos e orienta sua relação com o mundo – as atitudes, as emoções. O modo de viver dos sujeitos é atravessado por esses valores da cultura que, por sua vez, são atualizados em nossa intervenção no mundo.

A relação entre os sujeitos e a cultura se realiza através de "trocas mentais de projeção e identificação" (Morin, 1997, p. 15).

O mecanismo de identificação diz respeito ao reconhecimento de traços de semelhança e de proximidade entre as imagens da cultura e a realidade concreta dos sujeitos. A projeção, por sua vez, se refere à idealização de uma situação: figuras e acontecimentos extraordinários nesse universo cultural atuam como uma realização compensatória para o indivíduo, substituindo aquilo que não pode ser vivenciado em sua experiência direta do mundo. É nessa conjugação entre identificação e projeção que as culturas oferecem as referências que orientam a vida prática dos sujeitos.

Morin destaca, assim, a reciprocidade que caracteriza a relação entre a vida prática e a vida imaginária: "uma cultura fornece pontos de apoio imaginários à vida prática, pontos de apoio práticos à vida imaginária" (MORIN, 1997, p. 15). Ou seja, ao mesmo tempo em que os indivíduos incorporam as referências da cultura em suas vidas, é a experiência desses indivíduos que orienta a constituição da cultura. A cultura é, portanto, uma permanente construção dos sujeitos; ela não se realiza de modo independente de nossas vidas.

Partindo desse conceito amplo de cultura, Morin destaca que "as sociedades modernas são policulturais" (MORIN, 1997, p. 16). Existem vários tipos de cultura, como a cultura nacional, a cultura clássica e a cultura de massa. Esta última é, assim, uma das formas de produção da cultura na modernidade, que foi possibilitada por uma "segunda industrialização" – não mais dos bens materiais, mas do *espírito* – e uma "segunda colonização" – não mais dos continentes, mas da *alma*. A segunda metade do século XX é, pois, marcada pela emergência de uma *terceira cultura*, que dialoga com as outras formas culturais e é constituída a partir da industrialização que se processa nas imagens e nos sonhos, penetrando na alma humana – a cultura de massa.

A cultura de massa é definida por Morin a partir de três eixos interligados: a) a produção; b) a difusão; c) o público. Segundo ele, essa forma de cultura é

> produzida segundo as normas maciças da fabricação industrial; propagada pelas técnicas de difusão maciça (que um estranho neologismo anglo-latino

chama de *mass media*); destinando-se a uma massa social, isto é, um aglomerado gigantesco de indivíduos compreendidos aquém e além das estruturas internas da sociedade (MORIN, 1997, p. 14).

Assim, a produção da cultura de massa é feita em larga escala; sua veiculação, através dos meios de comunicação de massa; e o público a quem se dirige é variado e segmentado. O autor reconhece que a noção de cultura é muito ampla, ao mesmo tempo em que a noção de massa é muito restrita (já que diz respeito a apenas uma das dimensões dessa cultura: seu público). Entretanto, Morin utiliza o termo e reconhece que a cultura de massa *é* cultura:

> a cultura de massa é uma cultura: ela constitui um corpo de símbolos, mitos e imagens concernentes à vida prática e à vida imaginária, um sistema de projeções e identificações específicas. Ela se acrescenta à cultura nacional, à cultura humanista, à cultura religiosa, e entra em concorrência com estas culturas (MORIN, 1997, p. 16).

Essa nova forma de produção da cultura se integra à "realidade policultural" e constitui "a corrente verdadeiramente maciça e nova", que vem se acomodar junto às demais formas culturais e não substituí-las. Essa *primeira cultura universal,* de vocação cosmopolita, é uma cultura industrial, possibilitada pelo desenvolvimento de diferentes invenções técnicas (o rádio, a TV, o cinema). No contexto daquele momento (Guerra Fria), Morin identifica dois sistemas de produção dessa cultura: o privado (que caracteriza os países capitalistas e regido, portanto, pela lógica do mercado) e o estatal (que marcava os países socialistas, em que o Estado era o gestor da cultura). A partir disso, ele reserva "o termo de cultura industrial para designar os caracteres comuns a todos os sistemas, privados ou de Estado, de Oeste e de Leste, reservando o termo de cultura de massa para a cultura industrial no Oeste" (MORIN, 1997, p. 24). Atualmente, não é preciso destacar essa distinção; o que é importante frisar aqui é que o autor não polemiza com os termos cultura de massa e indústria cultural: são duas expressões usadas para nomear o mesmo fenômeno de industrialização da cultura a partir do século XX.

2. O papel dos intelectuais. Morin identifica uma resistência da classe intelectual em relação à cultura de massa: "os intelectuais atiram a cultura de massa nos infernos infraculturais" (MORIN, 1997, p. 17). Intelectuais tanto de direita quanto de esquerda tendem a criticar os produtos dessa cultura:

> Uma atitude de direita tende a considerá-la como divertimento de ilotas, barbarismo plebeu. Foi a partir da vulgata marxista que se delineou uma crítica de "esquerda", que considera a cultura de massa como barbitúrico (o novo ópio do povo) ou mistificação deliberada (o capitalismo desvia as massas de seus verdadeiros problemas) (MORIN, 1997, p. 17).

Essa reação dos intelectuais é "também uma reação contra o imperialismo do capital e o reino do lucro" (MORIN, 1997, p. 18). Para Morin, esses intelectuais não percebem que a cultura de massa é regida por uma outra lógica, diferente da cultura cultivada, e elas não devem, portanto, ser comparadas através dos mesmos critérios: são culturas distintas e devem ser analisadas dentro daquilo que cada uma se propõe. Advertindo que seu objetivo "não é exaltar a cultura de massa, mas diminuir a 'cultura cultivada'" (MORIN, 1997, p. 19), Morin propõe que a cultura seja vista a partir de sua *imersão histórica e sociológica*. Compreender a cultura do século XX supõe atentar para as novas manifestações que emergem a partir desse contexto.

> É preciso seguir a cultura de massa, no seu perpétuo movimento da técnica à alma humana da alma humana à técnica, lançadeira que percorre todo o processo social. Mas, ao mesmo tempo, é preciso concebê-la como um dos cruzamentos desse complexo de cultura, de civilizações e de história que nós chamamos de século XX (MORIN, 1997, p. 21).

Morin destaca dois métodos interdependentes para proceder à análise da cultura de massa: os métodos da totalidade e da autocrítica. O primeiro significa que é preciso "encarar um fenômeno em suas interdependências", ou seja, olhar para a cultura como um todo, atentando para as interconexões que o conformam. O segundo salienta a necessidade de "encarar o próprio observador no sistema de relações". Isso significa que o intelectual deve olhar a cultura de massa por dentro, atentando para as suas contradições internas, a fim de compreender a estrutura complexa que é a cultura de massa. Na proposição desses métodos, podemos perceber alguns traços do estruturalismo (destacados anteriormente) que conformam a reflexão de Edgar Morin.

3. Contradição padronização/inovação. Ao observar a cultura de massa, Morin identifica uma característica fundamental em seu processo de produção: a contradição entre padronização e inovação, a seu ver, "a contradição dinâmica da cultura de massa" (MORIN, 1997, p. 28) – que distingue os bens da indústria cultural de outras mercadorias da sociedade. Isso significa que, por um lado, essa cultura tende a ser padronizada; por outro, ela precisa de inovação.

Como uma indústria, a cultura de massa é produzida a partir da divisão do trabalho, seguindo a mesma lógica burocrática, administrativa, de racionalidade técnica e de gerenciamento do lucro que rege as demais indústrias na sociedade capitalista. Toda essa "organização burocrática filtra a ideia criadora" (MORIN, 1997, p. 24).

> A concentração técnico-burocrática pesa universalmente sobre a produção cultural de massa. Donde a tendência à despersonalização da criação, à predominância da organização racional de produção (técnica, comercial, política) sobre a invenção, à desintegração do poder cultural (MORIN, 1997, p. 25).

Nesse sentido, a padronização é indispensável para otimizar a dinâmica empresarial de produção cultural. Ela é construída a partir da divisão do trabalho, dessa organização burocrática e também da recorrência aos *arquétipos*: "figurinos-modelo do espírito humano que ordenam os sonhos e, particularmente, os sonhos racionalizados que são os temas míticos ou romanescos" (Morin, 1997, p. 26). Ou seja, os arquétipos são formas ancestrais, imagens primordiais, que correspondem a temas mitológicos, os quais reaparecem em contos e lendas populares de épocas e culturas diferentes. São espécies de formas que dizem respeito às grandes temáticas que estão sempre presentes na vida dos sujeitos e são universalmente conhecidas – o amor e a morte, por exemplo. Assim, a recorrência a tais grandes temas colabora na organização burocrática e na padronização que configuram a cultura de massa. Entretanto, "a criação cultural não pode ser totalmente integrada num sistema de produção industrial" (Morin, 1997, p. 26):

> nem a divisão do trabalho nem a padronização são, em si, obstáculos à individualização da obra. Na realidade, elas tendem a sufocá-la e aumentá-la ao mesmo tempo: quanto mais a indústria cultural se desenvolve, mais ela apela para a individuação, mas tende também a padronizar essa individuação (p. 31).

A inovação é possível a partir da atualização dos arquétipos: o conteúdo desses grandes temas é renovado e atualizado ao longo das civilizações, das sociedades, dos séculos, das culturas. A atualização e a renovação empreendidas na construção dos bens culturais, em diferentes contextos, colaboram na individualização das obras. Essa atualização traz as marcas dos valores da época e da sociedade em que se realiza, sendo esse processo um caminho para a inovação na dinâmica de produção cultural de massa.

Outro caminho para construir uma *"zona de criação e de talento no seio do conformismo padronizado"* (Morin, 1997, p. 28, grifo do autor) é a contratação de criadores e de vedetes: "o impulso no sentido da individuação não se traduz somente pelo apelo ao elétrodo negativo (o 'criador'), ele se efetua pelo refúgio em superindividualidades, as vedetes" (Morin, 1997, p. 32). Ou seja, apesar de o trabalho ser coletivo e de a *criação* se tornar *produção* na cultura de massa, os autores podem trazer renovação para as produções culturais industriais, assim como as estrelas do cinema e da TV. Ainda que a relação entre criadores e vedetes seja, muitas vezes, tensa (uns/umas tentando sufocar a individualidade de outros/outras), é preciso destacar o papel deles/delas na individualização dos produtos.

Outra forma de trazer novidade para a cultura de massa, segundo Morin, é possibilitada por outra contradição presente na cultura: a *dialética produção-consumo*. Segundo Morin, a cultura de massa deve atender aos anseios de novidade do público. Contrapondo-se à tendência exigida pelo sistema industrial, há uma "exigência radicalmente contrária, nascida da natureza própria do consumo cultural, que sempre reclama um produto *individualizado* e sempre *novo*" (Morin, 1997, p. 25, grifo do autor). Entre o autor e seu público, existe uma relação de forças, ligadas a outras forças sociais; e "dessa conexão de forças depende, finalmente, a riqueza artística e humana da obra produzida" (Morin, 1997, p. 28).

Assim, a cultura de massa é marcada por essa tensão entre padronização e inovação, entre "suas estruturas *burocratizadas-padronizadas* e a originalidade (individualidade e novidade) do produto que ela deve fornecer" (Morin, 1997, p. 25, grifo do autor). É preciso olhar para os produtos, percebendo, em cada caso, a "relação específica entre a lógica industrial-burocrática-monopolística-centralizadora-padronizadora e a contralógica individualista-inventiva-concorrencial-autonomista-inovadora" (Morin, 1997, p. 28). A dialética entre essa lógica e essa contralógica tende a se estabilizar em um "termo médio", o que aponta para o tipo de público a que a cultura de massa se dirige.

A cultura de massa é vista, assim, como um todo estruturado, composto de partes interdependentes, que apresenta tensões dialéticas e se transforma a partir dessas tensões – o que também aponta a inspiração estruturalista que marca a reflexão de Morin.

4. **O homem médio universal.**[17] A fim de obter o máximo consumo, atingindo um grande público, a cultura de massa deve

---

[17] Naquele contexto, Morin utiliza a expressão com o masculino singular (homem), mas para abarcar os diferentes gêneros, poderíamos usar o termo *indivíduo médio universal* ou *anthropos*.

buscar um denominador comum: "sincretismo é a palavra mais apta para traduzir a tendência a homogeneizar sob um denominador comum a diversidade dos conteúdos" (MORIN, 1997, p. 36). Ou seja, a cultura de massa deve se pautar por uma variedade de temas, abordados em diferentes meios e produtos, satisfazendo interesses diversos, a fim de atingir um público igualmente diversificado. Em um mesmo jornal, por exemplo, encontramos informação e ficção, aventura e romance, já que ele, como outros produtos da cultura de massa, deve se dirigir a todos (ultrapassando as barreiras de classe, idade e sexo).

Para caracterizar esse público a quem a cultura de massa se dirige, Morin utiliza a expressão *homem médio universal*: esse sujeito "ao mesmo tempo 'médio' e 'universal', esse modelo por um lado ideal e abstrato, por outro, sincrético e múltiplo da cultura de massa" (MORIN, 1997, p. 44). Esse indivíduo universal é, para o autor, "uma espécie de *anthropos* universal": a porção humana que existe em cada um de nós e que é sensibilizada pelos grandes temas (ou arquétipos) discutidos anteriormente. Ao mesmo tempo, esse indivíduo universal também é o sujeito contemporâneo, que se relaciona com as diferentes culturas (entre elas, a cultura de massa), a partir dos movimentos de projeção e identificação: "é por isso que o homem universal não é apenas o homem comum a todos os homens. É o homem novo que desenvolve uma civilização nova que tende à universalidade" (MORIN, 1997, p. 45).

Esse sujeito médio universal dialoga com a produção da cultura de massa, sendo que seus produtos são justamente o resultado desse diálogo entre produção e consumo:

> Esse diálogo é desigual. [...] A produção [...] desenvolve as narrações, as histórias, expressa-se através de uma linguagem. O consumidor [...] não responde, a não ser por sinais pavlovianos; o sim ou o não, o sucesso ou o fracasso. O consumidor não fala. Ele ouve, ele vê ou se recusa a ouvir ou a ver (MORIN, 1997, p. 46).

Nesse sentido, Morin situa a esfera do consumo como um lugar de força – ainda que esta se manifeste apenas consumindo ou deixando de consumir os produtos. Os bens da cultura de massa são construídos e propostos à sociedade, assim como seus temas, seus valores e seus modelos. A cultura de massa "não é imposta pelas instituições sociais; ela é proposta. Ela propõe modelos, mas não ordena nada" (Morin, 1997, p. 46). Ou seja, ela não determina o consumo. O público se manifesta em relação ao que é proposto, ainda que seja apenas com um sim ou um não, consumindo ou deixando de consumir os produtos culturais. Com isso, Morin atenta para o papel dos consumidores na construção da própria lógica da indústria cultural, já que as necessidades desses sujeitos dialogam com o sistema de produção cultural na elaboração das obras.

5. Adorno e Horkheimer X Morin. As reflexões de Edgar Morin sobre a cultura de massa na década de 1960 trouxeram inúmeras contribuições para refletir sobre a indústria cultural, endossando certos aspectos da Teoria Crítica e, ao mesmo tempo, relativizando outros. Como Adorno e Horkheimer, Morin destaca a industrialização como uma característica fundante dessas manifestações culturais: seguem a lógica industrial, capitalista, de gerenciamento do lucro. Para Morin, entretanto, ainda que seja uma indústria, a cultura de massa é, sim, uma forma de cultura. Esse autor traz, portanto, uma noção mais ampla (e não elitista) de cultura.

Outro aspecto que distancia a discussão desses autores é que, para Adorno e Horkheimer, os produtos da indústria cultural são marcados pela estandardização absoluta. Na perspectiva de Morin, tais produtos não podem ser pura padronização: a cultura de massa é marcada por uma contradição dinâmica entre padronização e inovação. É preciso que haja algo de novo e de individualizado nas obras a fim de garantir seu vínculo com os anseios do público.

A visão sobre o público também distingue as duas perspectivas. Segundo Adorno e Horkheimer, a indústria cultural se dirige a uma massa que não tem autonomia e está subjugada à lógica de dominação da sociedade capitalista; a alienação e o conformismo caracterizam esse público. Para Morin, o público da cultura de massa tem uma presença viva, direcionando os rumos dessa produção. Ainda que seja uma presença limitada, que se manifesta através do consumo ou não dos produtos, há uma diferença muito grande no modo como o público de Morin é pensado quando comparado à reflexão de Adorno e Horkheimer.

Um último elemento que gostaríamos de apontar aqui na comparação entre esses autores diz respeito ao papel dos intelectuais. Adorno, Horkheimer e Morin concordam que o papel deles é pensar sobre a realidade e criticar o mundo. Os primeiros destacam que os intelectuais deveriam denunciar a lógica de dominação da indústria cultural e não atribuir a esta um caráter inofensivo. Para Morin, entretanto, não apenas a indústria cultural deve ser criticada: se é para ser crítico, é preciso sê-lo em relação a outras formas culturais também (não idealizando a cultura erudita, por exemplo). Os intelectuais devem analisar os produtos culturais permanentemente, atentando para as especificidades que os configuram.

Os Estudos Culturais Ingleses

A perspectiva nomeada Estudos Culturais surge no início da década de 1960, na Inglaterra, mais precisamente, em 1964, com a criação do Centre for Contemporary Cultural Studies (CCCS), na Universidade de Birmingham. É uma tradição de natureza interdisciplinar que se propõe a pensar sobre as relações entre cultura e sociedade, rompendo com uma visão elitista e conservadora de cultura que vigorava naquele país entre o fim do século XIX e as primeiras décadas do século XX.

A tradição de pensamento conhecida como Culture and Society apresentava uma visão conservadora de cultura, na medida em que lamentava o impacto da Revolução Industrial sobre a cultura nacional, ou seja, considerava que a industrialização comprometia a cultura. Autores como Thomas Carlyle (1795-1881) e Matthew Arnold (1822-1888) atentavam para o poder humanizante da alta literatura e para o fato de as grandes obras artísticas e literárias veicularem valores culturais, além de normas estéticas e intelectuais. Naquele momento, tinha início a "lenta gestação de uma concepção sócio-histórica da ideia de cultura que levará à criação dos estudos culturais" (MATTELART; NEVEU, 2004, p. 20).

Outro capítulo dessa "lenta gestação" pode ser encontrado na obra de Frank Raymond Leavis (1895-1978), discípulo de Arnold, que incorporou e desenvolveu esse pensamento sobre a cultura na área da Teoria Literária. No período entre as duas grandes guerras, em um contexto marcado pela irrupção de uma cultura de massa industrialmente produzida, Leavis defendia que os meios de comunicação estariam atuando na degradação da cultura. Em 1932, ele funda a revista *Scrutiny*, que se torna "a tribuna de uma cruzada moral e cultural contra o 'embrutecimento' praticado pela mídia e pela publicidade" (MATTELART; NEVEU, 2004, p. 37). O objetivo era deter a "degenerescência da cultura".

> Para além de suas contradições, Carlyle, Arnold e Leavis condividem um questionamento sobre o papel da cultura como instrumento de reconstituição de uma comunidade, de uma nação, em face das forças dissolventes do desenvolvimento capitalista. Os estudos culturais participam desse questionamento, mas [...] optam de modo decisivo por uma abordagem via classes populares (p. 40).

Os estudiosos reunidos em torno do CCCS nos anos 1960 se contrapõem a essa perspectiva elitista e conservadora de cultura que vigorava na Inglaterra até meados do século XX e propõem uma nova concepção de cultura, desenvolvida a partir de três textos fundadores: *As utilizações da cultura* (1957), de Richard Hoggart;[18] *Cultura e sociedade* (1958), de Raymond

---

[18] De origem operária, Richard Hoggart nasceu em 1918. Com formação em Literatura, trabalhou, durante vários anos, com educação de adultos no meio operário (Worker's Education Association, WEA) e foi, inicialmente, influenciado por Raymond Leavis e pela *Scrutiny*. Entretanto, rompe com estes para se aproximar das culturas populares. Hoggart tem um papel importante na fundação do CCCS, mas se desvincula dos desdobramentos dos Estudos Cul-

Williams;[19] e *A formação da classe operária inglesa* (1963), de Edward P. Thompson.[20]

Em *As utilizações da cultura* (1957), Hoggart se volta para a cultura e a vida da classe trabalhadora, reivindicando que esta apresenta um universo cultural próprio.

> Hoggart mostrou como a classe operária cria, no seu "encontro" com os processos de industrialização e urbanização, formas culturais específicas e, ao fazê-lo, mostrou que a produção e o consumo culturais expressam as relações sociais básicas, as formas de vida de uma dada sociedade. O pressuposto que guia *The uses of literacy* é o de que a cultura é expressão dos processos sociais básicos (GOMES, 2004, p. 121).

Dessa forma, o autor rompe com a visão elitista de cultura que vigorava naquele contexto e atenta para o modo como o desenvolvimento industrial e tecnológico estava transformando a cultura como um todo. Ele chama a atenção para efeitos lamentáveis dessa relação entre industrialização e cultura, mas não adota um viés determinista em sua análise da cultura de massa e da cultura operária.

Reconstruir um histórico do conceito de cultura, entre 1780 e 1950, e propor outra forma de defini-la é o objetivo central de Raymond Williams, em *Cultura e sociedade* (1958). O autor considera que a cultura deve ser pensada como "todo um modo

---

turais após a sua aposentadoria, na década de 1980 (MATTELART; NEVEU, 2004, p. 43-44).

[19] Raymond Williams (1921-1988) era filho de um ferroviário e passou a infância em uma vila no País de Gales. Marxista e militante no Partido Comunista, ele também trabalhou com educação de adultos e participou da New Left, um movimento político socialista, que fez renascer as análises marxianas em meados da década de 1950.

[20] Edward Palmer Thompson (1924-1993) também era um marxista, de origem operária, que trabalhava com alfabetização de adultos. Foi um dos fundadores da revista *New Left Review,* em 1960, e partilhava com Williams o "mesmo desejo de ultrapassar as análises que fizeram da cultura uma variável submetida à economia" (MATTELART; NEVEU, 2004, p. 46).

de vida" (WILLIAMS, 1969, p. 20). Ela não se limita a "evidências tais como a forma de morar, a maneira de vestir ou de aproveitar o lazer" (p. 333) e deve ser pensada a partir das relações com a sociedade em que se inscreve. Nesse sentido, Williams amplia a noção de cultura no intuito de refletir sobre (e valorizar) a cultura da classe trabalhadora. Essa cultura

> é a instituição democrática coletiva, seja nos sindicatos, no movimento cooperativo, ou no partido político. A cultura da classe trabalhadora, nos estádios através dos quais vem passando, é antes social (no sentido em que criou instituições) do que individual (relativa ao trabalho intelectual ou imaginativo). Considerada no contexto da sociedade, essa cultura representa *uma realização criadora notável* (WILLIAMS, 1969, p. 335, grifo nosso).

A formação da classe operária inglesa (1963), de Edward P. Thompson, é centrado na vida das classes populares. O autor chama a atenção para o lugar da experiência e do cotidiano na conformação da classe, que não é, portanto, definida apenas pela dimensão econômica, mas na relação entre os sujeitos e na interseção entre economia e cultura. Assim como em Williams, na obra de Thompson, encontra-se uma visão de história construída no terreno das lutas sociais e da experiência, tecida pela prática, pela dimensão concreta e pela a inserção ativa dos indivíduos na vida de todos os dias. Conforme as palavras do autor, "é no processo ativo – que é ao mesmo tempo o processo pelo qual os homens fazem sua história – que insisto" (THOMPSON, 1961 *apud* HALL, 2003c, p. 140-141).

Esses três textos, apesar das diferenças e especificidades de cada autor, compartilham de uma ideia de cultura que orientará o CCCS e os trabalhos de seus membros: a cultura diz respeito a toda produção de sentido que emerge das práticas vividas dos sujeitos. Ou seja, ela não engloba apenas textos e representações, mas toda a dimensão simbólica que constrói a experiência ordinária dos indivíduos. Para analisar a cultura, a perspectiva dos Estudos Culturais atenta para as estruturas sociais e para o contexto histórico, "fatores essenciais para a compreensão da ação dos meios massivos, assim como o deslocamento do sentido de cultura da sua tradição elitista para as práticas cotidianas" (ESCOSTEGUY, 2000, p. 143).

É essa concepção de cultura que marca a fundação do CCCS, em 1964. O Centro foi, a princípio, vinculado ao Departamento de Literatura Inglesa da Universidade de Birmingham, mas depois assume o seu caráter interdisciplinar. Foi dirigido por Hoggart até 1969, quando um dos grandes expoentes dessa perspectiva assume a direção: Stuart Hall.[21] Este coordena o CCCS até 1979, e, na década de 1980, Richard Johnson assume essa função. A partir daquele momento, os Estudos Culturais passam por um processo de internacionalização, com "herdeiros" em países como Estados Unidos e Austrália.

Para além da noção de cultura, existem algumas bases teóricas que inspiram os pesquisadores dos Estudos Culturais e participam da conformação de um pensamento compartilhado pelos mesmos – ainda que haja diferenças entre os inúmeros estudiosos que podem ser filiados a essa perspectiva. Entre essas bases teóricas, destacam-se: o marxismo, o estruturalismo e a Semiologia/Semiótica.

Bases teóricas

O marxismo olha para a organização da vida social a partir da relação entre a base e a superestrutura. A base ou a estrutura diz respeito às forças produtivas e às relações sociais de produção, ou seja, à forma como os sujeitos se organizam para conseguir os bens de que precisam para viver. A superestrutura se refere à dimensão ideológica da organização social e engloba instituições

---

[21] Stuart Hall (1932-2014) foi um pesquisador jamaicano que tem um papel importante na trajetória dos Estudos Culturais. Ele se mudou para a Inglaterra em 1951 e lá construiu a sua formação e trajetória acadêmicas. Em 1964, foi convidado por Hoggart para integrar o CCCS, do qual será o diretor entre 1969 e 1979, tornando-se uma referência central no desenvolvimento e na disseminação das pesquisas do Centro. De 1979 a 1997, Hall integrou a *The Open University*.

políticas, concepções religiosas, sistemas culturais, códigos morais e estéticos, sistemas legais, conhecimentos filosóficos e científicos e representações coletivas. Na visão de Marx, a base ocupa o lugar central na vida social, determinando o modo como as ideias são formadas na superestrutura. Nesse sentido, a cultura acaba sendo vista como um reflexo das relações econômicas.

Os estudos culturais retomam esse modelo marxista base-superestrutura para chamar a atenção para a importância da economia (e do capitalismo) na organização social, mas questionam o modo como a superestrutura é entendida. Nessa perspectiva, a cultura é pensada a partir de sua autonomia relativa: ela sofre influências, sim, das relações econômicas, mas não pode ser entendida como um mero reflexo delas. A cultura envolve poder, é um local de diferenças e lutas sociais, e seria reducionista pensar que ela é simplesmente determinada pela base econômica de uma sociedade. Stuart Hall resume bem as contribuições do marxismo para os Estudos Culturais, que atentam para:

> O poder, a extensão global e as capacidades de realização histórica do capital; a questão de classe social; os relacionamentos complexos entre o poder [...] e a exploração; a questão de uma teoria geral que poderia ligar, sob uma reflexão crítica, os domínios distintos da vida, a política e a teoria, a teoria e a prática, questões econômicas, políticas, ideológicas [...]; a própria noção de conhecimento crítico e a sua produção como prática (HALL, 2003b, p. 203).

Assim, recuperando a abordagem marxista, ao mesmo tempo em que a criticam, os Estudos Culturais fazem um "desvio via Gramsci" (HALL, 2003b, p. 206). Na perspectiva de Antonio Gramsci, a organização da sociedade deve ser pensada a partir do conceito de hegemonia, que oferece um novo contorno à ideia de dominação: trata-se do exercício de poder por parte de uma classe dominante que se processa "não somente através dos instrumentos de coerção, mas também pela sua visão do mundo, isto é, por uma filosofia, uma moral, costumes, um senso comum, que favorecem o reconhecimento de sua dominação pelas classes dominadas"

(MACCIOCCHI, 1976, p. 150). A hegemonia de um grupo social sobre uma série de grupos dominados significa estabelecer, através de negociações com os interesses dos dominados, uma "unidade intelectual e moral" da sociedade como base de uma direção consensual (GRAMSCI, 1966 *apud* MACCIOCCHI, 1976, p. 183). A cultura, nessa perspectiva, é vista como terreno de luta e negociação entre grupos – e não simplesmente de dominação e imposição de significados por parte do grupo dominante. Dessa forma, "os estudos culturais analisam as formas sociais e culturais 'hegemônicas' de dominação, e procuram forças 'contra-hegemônicas' de resistência e luta" (KELLNER, 2001, p. 48). Um dos lugares em que essas análises à luz de um novo marxismo aparecem é a revista *New Left Review*, fundada em 1960.

O estruturalismo e a Semiologia/Semiótica são outras bases teóricas importantes para os Estudos Culturais. Da primeira abordagem, retomam a ideia de que a sociedade é uma *totalidade complexa*, uma estrutura composta de partes interligadas. A cultura, como uma das partes que compõem esse todo, também é vista como uma estrutura complexa e deve ser analisada a partir de suas interconexões (internas e externas). Ela está relacionada com a dimensão econômica da sociedade, mas deve ser pensada a partir de sua *autonomia relativa*.

Da Semiologia e da Semiótica,[22] os Estudos Culturais retomam a importância da linguagem e da produção simbólica no estudo da cultura, além do "reconhecimento da heterogeneidade e da multiplicidade dos significados, do esforço envolvido no encerramento arbitrário da semiose infinita para além do significado" (HALL, 2003b, p. 211). Inspiradas por tais perspectivas, as análises se voltam para o estudo de textos e manifestações culturais.

Além desses alicerces teóricos, os estudiosos de Birmingham compartilham de uma crítica ao funcionalismo e à pesquisa administrativa que vinha sendo desenvolvida pela sociologia

---

[22] A Semiologia compreende a tradição europeia que se volta para o estudo dos signos, fundada por Ferdinand de Saussure. A Semiótica, por sua vez, remete à tradição americana de estudo dos signos fundada por Charles Peirce.

americana nas primeiras décadas do século XX; um afastamento do modelo estímulo-resposta, da concepção de cultura que fundava a perspectiva americana de cultura de massa; uma rejeição à ideia de audiência passiva. Ainda conforme Hall, em um estudo sobre a televisão britânica,

> Essa concepção [que adotamos] do "público da televisão" difere do modelo tradicional no qual "as pessoas" (isto é, a massa) recebem o que alguns indivíduos (os produtores) julgam por bem lhes oferecer no plano cultural, na esperança de que seu nível intelectual se eleve. Difere igualmente do chamado modelo do "mercado cultural livre", onde são exercidas pressões no sentido de "dar às pessoas o que elas realmente querem" – modelo que, na prática, reforça as estratificações culturais e sociais existentes. O público da televisão, tal como o definimos acima, é mais aberto e mais rico de potencialidades: é constituído por espectadores capazes de se interessar por programas cada vez mais diversificados e de reagir a eles de modo imprevisível. A televisão aqui é concebida como um agente cultural ativo, abalando as estruturas culturais existentes (HALL, 1972, p. 69).

Alguns estudos, diferentes fases

É difícil agrupar a heterogeneidade de pesquisas desenvolvidas junto ao CCCS em fases delimitadas, já que há uma diversidade de estudiosos e de interesses na realização daquelas. Mas, conforme leitura de alguns autores, é possível identificar dois momentos: da fundação do Centro em 1964 até meados dos anos 1980; do final da década de 1980 e, principalmente, de 1990 em diante. Para Barker e Beezer (1994, p. 15), "a tarefa dos primeiros estudos culturais era explorar o potencial para a resistência e revolta contra determinadas forças de dominação". Em momento posterior, os autores identificam "uma preocupação crescente em compreender os valores e as forças das estratégias de construir o sentido utilizadas pela gente comum. O centro de atenção na resistência [...] foi substituído por uma ênfase no exercício do poder cultural como traço contínuo da vida cotidiana" (p. 16).

A problemática do poder e da ideologia estava muito presente nos primeiros trabalhos, sobretudo no momento da direção de Hall, inspirando análises sobre a dimensão ideológica dos textos midiáticos e a tentativa de imposição de significados por parte destes. Ao mesmo tempo em que olhavam para a opressão dos textos, os pesquisadores atentavam para possibilidades de resistência através do estudo de subculturas, de condutas desviantes, de sociabilidades operárias. Dessa forma, eles investigavam as relações de poder na sociedade, procurando mostrar "como a cultura oferecia ao mesmo tempo forças de dominação e recursos para a resistência e a luta" (KELLNER, 2001, p. 55). Além de atentar para essa dimensão política da cultura, as pesquisas chamavam a atenção para a importância do contexto sócio-histórico na conformação dos textos. Isso significa que a análise destes pode elucidar aspectos constituidores do contexto social em que se inscrevem.

Existem diversas pesquisas que exibem essa preocupação com a análise textual, bem como a relação entre texto e contexto. Charlotte Brunsdon e David Morley (1978) analisam um programa de TV britânico (*Nationwide*), apresentando o modo como códigos e convenções são construídos nas histórias ali representadas. Os autores buscam apreender como os discursos constroem uma visão consensual sobre a vida e o contexto britânicos, evidenciando como um programa televisivo traz as marcas da sociedade em que é produzido, ao mesmo tempo em que participa de sua própria construção.

Outra pesquisa notável que se volta para essa relação entre discurso midiático e vida social foi coordenada por Stuart Hall, em 1979: *Policing the Crisis: Mugging, the State and Law and Order*. Em um momento em que a criminalidade urbana era associada à presença de imigrantes e negros na Inglaterra, o autor estudou a cobertura dos jornais sobre violência, indicando como ela acabou por endossar a associação entre raça e crime, estabelecendo um circuito em que se estimulava o pânico e se orquestrava a opinião pública contra a causa do perigo, canalizando imagens do senso comum como suporte de uma visão ideológica: "o assaltante negro se tornou o símbolo condensado de tudo o que ia mal na Grã-Bretanha. [....] O salteador negro era 'o inimigo interno', significava a chegada de valores alheios, de culturas alheias, a desintegração de um passado inglês mítico" (BARKER, 1994, p. 99). O estudo procurou mostrar a maneira como os jornais atuam em consonância com interesses ideológicos presentes num determinado contexto e como o discurso jornalístico está inserido nas redes e nos jogos do poder. Esse trabalho é exemplar da orientação do CCCS naquele momento; nele, os autores (Hall e outros) demonstram claramente o quanto "as formas culturais e os contextos culturais, abarcando relações de poder e exploração, estão manifestamente interconectados; como é impossível estudar [*formas culturais*] umas sem os outros [*contextos culturais, relações de poder*]" (BARKER, 1994, p. 100, inserções nossas).

Com o desenvolvimento da perspectiva, há um deslocamento do interesse dos pesquisadores dos textos para a recepção e para o contexto em que esta se realiza. Entre certas ênfases que sobressaem no final dos anos 1980 e início de 1990, encontramos "o deslocamento da noção de poder textual para uma valoração das estratégias interpretativas de leitores e audiências" (BARKER; BEEZER, 1994, p. 17). Dessa forma, as pesquisas enfatizam a questão das identidades, das subjetividades e das leituras que os sujeitos fazem sobre os produtos culturais, evidenciando, assim, a produção ordinária de significados. Nessa fase, destacam-se contribuições de várias feministas associadas ao CCCS na análise da leitura que mulheres fazem de programas de TV ou de livros de ficção popular (RADWAY, 1984; MODLESKI, 1984). Também merecem menção outros dois estudos conduzidos por David Morley e seus colaboradores sobre o programa *Nationwide*. Depois de estudar os processos de codificação do programa (BRUNSDON; MORLEY, 1978), eles realizam duas outras pesquisas para enfocar as leituras que o público faz sobre as histórias ali construídas (MORLEY, 1980, 1986). Essas pesquisas evidenciam vários fatores que interferem na recepção do programa televisivo, entre eles a classe social, a vida familiar e os relacionamentos que os sujeitos estabelecem.

Com esse interesse na recepção orientando as pesquisas, as relações de poder perdem um pouco do espaço que tinham nas investigações dos Estudos Culturais – o que impulsiona críticas a uma certa despolitização dessa perspectiva. Nas palavras de Johnson, temos que lutar contra as desconexões que ocorrem quando os EC são ocupados por propósitos demasiadamente acadêmicos ou quando *o entusiasmo pela cultura popular está divorciado da análise do poder e das possibilidades sociais*" (JOHNSON, 1983 apud SCHULMAN, 1999, p. 200, grifos nossos). De acordo com Douglas Kellner, não se pode subestimar a força dos textos na determinação dos significados a fim de não

> conduzir ao elogio populista acrítico do texto e do prazer do público no uso das produções culturais. Essa abordagem, se levada ao extremo, perderia a perspectiva crítica e conduziria a uma interpretação positiva populista da vivência que o público tenha de qualquer coisa que esteja sendo estudada (KELLNER, 2001, p. 58).

A partir da década de 1990, ocorre a internacionalização dos Estudos Culturais, cujos eixos de investigação influenciam intelectuais e centros de pesquisa em diferentes países do mundo. Nos Estados Unidos, por exemplo, Douglas Kellner (2001) discute como os estudos culturais ingleses influenciaram o pensamento sobre a mídia e a cultura americanas. Outro país em que a contribuição dessa tradição britânica é muito evidente é a Austrália. A preocupação dos estudos culturais australianos é com a mídia e a cultura popular, com ênfase no contexto do país (o colonialismo, o multiculturalismo, a relação entre os aborígenes e os colonizadores britânicos). Os estudos buscam apreender como a mídia ajuda a conformar os debates acerca de temas de interesse nacional, evidenciando a relação entre os produtos midiáticos e a sociedade em que se inscrevem.

No Brasil (e em outros países da América Latina), a influência dos Estudos Culturais é muito grande. O interesse pela análise dos textos midiáticos, pelos estudos de recepção e pelos processos de construção das identidades foi adotado por inúmeros estudiosos brasileiros. Análises sobre televisão, cinema, rádio, jornal, envolvendo os discursos, a recepção, bem como os contextos em que esses meios se inserem, foram desenvolvidas no país a partir de contribuições acionadas da tradição inglesa.

Codificação/Decodificação

O texto *Codificação/Decodificação* é um grande marco nos Estudos Culturais. Ele foi apresentado por Stuart Hall em um colóquio organizado pelo Centre for Mass Communications Research, na Universidade de Leicester, em 1973, e publicado em 1980. O artigo apresenta um modo de compreender a comunicação que orientará inúmeras pesquisas filiadas a essa tradição. A seguir, apresentamos os eixos centrais do texto.

1. **Visão de comunicação.** O ponto de partida de Hall é a crítica ao paradigma linear de comunicação, que vinha sendo adotado em inúmeras pesquisas em comunicação de massa. Segundo o autor, "esse modelo tem sido criticado pela sua linearidade – emissor/mensagem/receptor; por sua concentração no nível da troca de mensagens; e pela ausência de uma concepção estruturada dos diferentes momentos enquanto complexa estrutura de relações" (HALL, 2003a, p. 387). E é assim que Hall propõe pensar a comunicação: como uma *complexa estrutura de relações*, como uma *articulação* de diferentes momentos que, apesar de distintos, estão interligados: a produção, a circulação, a distribuição ou o consumo, e a reprodução. A ideia de articulação ajuda a pensar a relativa autonomia de cada uma dessas etapas, construindo uma visão não determinista acerca da relação entre produção e consumo: "nenhum momento consegue garantir inteiramente o próximo, com o qual está articulado. Já que cada momento tem sua própria modalidade e condições de existência, cada um pode constituir sua própria ruptura ou interrupção da 'passagem das formas' de cuja continuidade o fluxo de produção efetiva (isto é, a 'reprodução') depende" (HALL, 2003a, p. 388).

Ao olhar para um programa televisivo, Hall chama a atenção para a especificidade do produto que circula em um processo comunicativo: é uma *forma discursiva*, que faz circular significados, os quais, por sua vez, são interpretados/consumidos pelas audiências que os convertem novamente em práticas sociais. "Se nenhum 'sentido' é apreendido, não pode haver 'consumo'. Se o sentido não é articulado em prática, ele não tem efeito" (HALL, 2003a, p. 388). Emerge aqui a lugar de destaque dos discursos ou das materialidades simbólicas nos fenômenos comunicativos:

> devemos reconhecer que a forma discursiva da mensagem tem uma posição privilegiada na troca comunicativa [...] e que os momentos de "codificação" e "decodificação", embora apenas "relativamente autônomos" em relação ao processo comunicativo como um todo, são momentos determinados (HALL, 2003a, p. 388).

2. Codificação e decodificação. Hall sintetiza o modo de pensar a comunicação a partir desses dois momentos centrais do processo, que estão assentados em dinâmicas próprias, conforme o quadro construído pelo autor e apresentado de forma adaptada abaixo:

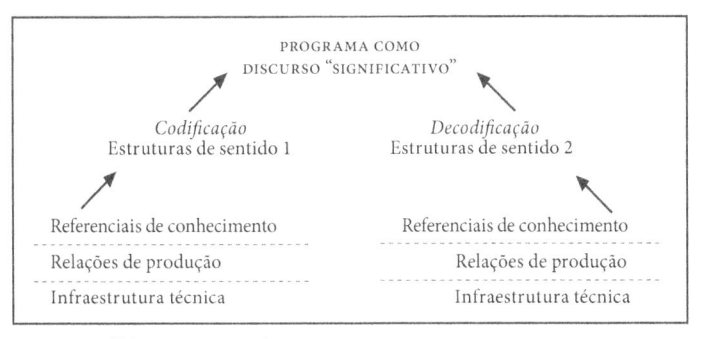

```
            PROGRAMA COMO
         DISCURSO "SIGNIFICATIVO"
          ↗                    ↖
    Codificação             Decodificação
  Estruturas de sentido 1   Estruturas de sentido 2
       ↗                         ↖
  Referenciais de conhecimento   Referenciais de conhecimento
  -----------------------------  -----------------------------
  Relações de produção           Relações de produção
  -----------------------------  -----------------------------
  Infraestrutura técnica         Infraestrutura técnica
```

Fonte: Hall (2003a, p. 391)

Para que um programa televisivo seja codificado, é necessária toda uma *infraestrutura técnica*, como câmeras, computadores, microfones, ilha de edição, enfim, há todo um investimento de capital. Essa estrutura é colocada em ação pelos profissionais que trabalham na instituição produtora – o que diz das *relações de produção*. Tais profissionais são dotados de *referenciais de conhecimento*, que os capacitam a realizar o processo produtivo. Esse momento de codificação do discurso televisivo constrói uma *estrutura de sentido 1* que é posta em circulação.

No âmbito da decodificação, ocorre uma nova produção, assentada em uma lógica específica. Para que o programa seja decodificado, é necessária uma *infraestrutura técnica*, ou seja, um aparato que permite o acesso ao discurso significativo, como um aparelho de TV ou um computador. Os sujeitos que decodificam o programa estão inscritos em *relações sociais*, não são simplesmente receptores desse discurso – o que é evidenciado pelas *relações de produção* que marcam esse momento. Além disso, são sujeitos dotados de *referenciais de conhecimento*, um conjunto de competências linguísticas e culturais que são acionadas na interpretação do discurso. A decodificação desse programa produz uma *estrutura de sentido 2*, que está relacionada à estrutura 1, mas não é necessariamente equivalente a ela: "o que chamamos no diagrama de 'estruturas de significado 1' e 'estruturas de significado 2' podem não ser iguais. Elas não constituem uma 'identidade imediata'. Os códigos de codificação e decodificação podem não ser perfeitamente simétricos" (HALL, 2003a, p. 391).

Dessa forma, Hall chama a atenção para a *falta de equivalência* entre os dois momentos da interação comunicativa, rompendo com a ideia de transmissão transparente de significado. "Produção e recepção da mensagem televisiva não são, portanto, idênticas, mas estão relacionadas: são momentos diferenciados da totalidade formada pelas relações sociais do processo comunicativo como um todo" (HALL, 2003a, p. 390). Isso não significa, contudo, que o processo seja sem determinação e que seja isento de relações de poder. Afinal, "a codificação produz a formação de alguns limites e parâmetros dentro dos quais as decodificações vão operar" (HALL, 2003a, p. 399).

3. Possibilidades de decodificação. A maior ou menor assimetria entre os dois momentos da troca comunicativa pode ser verificada a partir de três posições hipotéticas de decodificação propostas pelo autor no intuito de evidenciar a não fixidez dos significados:

1) Posição hegemônica-dominante: é pautada pelo código dominante, ou seja, quando um sujeito decodifica um discurso "de forma direta e integral", operando "nos termos do código referencial no qual ela foi codificada" (HALL, 2003a, p. 400). Aqui, "existe uma posição de transparência ideal e de equivalência perfeita entre os dois momentos onde a leitura corresponde mais ou menos perfeitamente com o modo de preferência do texto" (HALL, 2002, p. 370).

2) Posição do código de oposição: nessa posição, o público resiste aos significados que o texto gostaria de instaurar, decodificando "a mensagem de uma maneira *globalmente* contrária" (HALL, 2003a, p. 402).

3) Posição do código negociado: esse modo de decodificar um discurso é composto a partir de "uma mistura de elementos de adaptação e de oposição", já que o sujeito que decodifica "reconhece a legitimidade das definições hegemônicas para produzir as grandes significações (abstratas), ao passo que, em um nível mais restrito, situacional (localizado), faz suas próprias regras" (HALL, 2003a, p. 401). Na visão do autor, "essas leituras negociadas são provavelmente o que a maioria de nós faz, na maior parte do tempo" (HALL, 2003d, p. 371).

4. Linguagem e naturalização dos códigos. O texto de Hall enfatiza a importância da linguagem, a mediação que nos possibilita o acesso ao real. É através da linguagem e de seus códigos que construímos o nosso conhecimento do mundo. A familiaridade com certos códigos em uma cultura acaba por tornar invisível o processo de codificação – o que não significa que ele não exista. O trabalho de codificação arbitrária dos signos linguísticos, por exemplo, é fruto de uma articulação da linguagem sobre o real e acaba sendo visto como natural (não nos questionamos, na vida cotidiana, sobre os motivos que impulsionaram a determinação de que, em português, as letras V A C A reunidas designam um certo tipo de mamífero). De acordo com Hall, essa operação de códigos naturalizados "revela não a transparência e 'naturalidade' da linguagem, mas a profundidade, o caráter habitual e a quase-universalidade dos códigos em uso" (HALL, 2003a, p. 393). O que Hall procura evidenciar com essa discussão é a existência de um real fora da linguagem, ainda que seja constantemente mediado por ela.

5. **Conotação e denotação.** Hall retoma essas categorias que foram definidas por Ferdinand de Saussure para apontar distinções de significado nos textos e destaca que há uma confusão na teoria linguística no uso desses termos:

> a "denotação" tem sido muitas vezes confundida com a transcrição literal da "realidade" para a linguagem e, portanto, com um "signo natural", que é produzido sem a intervenção de códigos. A "conotação" é, por outro lado, empregada para simplesmente referir-se aos sentidos menos fixos e, portanto, mais convencionalizados e mutáveis (HALL, 2003a, p. 394).

O autor rejeita essa distinção, na medida em que, como destacado, mesmo os signos naturalizados passaram por um processo de codificação. Além disso, o autor considera que, "em um discurso de fato emitido, a maioria dos signos combinará seus aspectos denotativos e conotativos" (HALL, 2003a, p. 395). Na visão do autor, a distinção pode ser útil para analisar a dimensão ideológica dos textos, na medida em que o valor ideológico dos signos emerge a partir de seus sentidos associativos (nível da conotação): "é no *nível* conotativo do signo que as ideologias alteram e transformam a significação. [...] aqui o signo está aberto para novas ênfases e [...] entra plenamente na disputa pelos sentidos — a luta de classes na linguagem" (HALL, 2003a, p. 395, grifo do autor). Hall destaca, entretanto, que a denotação não está fora da ideologia: o que acontece é que seu valor ideológico está fortemente fixado; tornou-se universal e "natural".

6. **Ordem cultural dominante.** O autor destaca que uma sociedade ou uma cultura tende a "impor suas classificações do mundo social, cultural e político", construindo uma *"ordem cultural dominante"* (HALL, 2003a, p. 396). Ou seja, existem sentidos dominantes ou preferenciais em uma cultura que configuram os *mapas de sentido* de um contexto social. Esses sentidos estão inscritos nos discursos, de modo que a análise destes pode revelar ideologias dominantes em uma sociedade. Isso significa que a análise de um programa televisivo, por exemplo, pode revelar traços importantes do contexto social em que ele se inscreve, das relações de poder que o perpassam. É nesse nível mais específico (de um programa de TV) que as significações mais amplas de uma cultura são inscritas, atualizadas e/ou contestadas. Nesse sentido, Hall chama a atenção para as marcas do contexto social que estão inscritas nos discursos codificados – a análise destes é reveladora da vida social.

Sintetizando contribuições

A perspectiva dos Estudos Culturais aqui apresentada traz inúmeras contribuições para o campo da comunicação. O conceito ampliado de cultura permite olhar para a experiência, para o cotidiano, para as práticas sociais que a engendram. Com isso, as manifestações produzidas pela indústria cultural são vistas como *bens culturais,* atravessados por relações de poder – o que evidencia a dimensão política da cultura. A ênfase dos Estudos Culturais é no modo como os produtos culturais trazem as marcas das relações sociais, ou seja, do contexto em que se inscrevem. Além disso, essa perspectiva atenta para o âmbito da recepção como uma nova produção de sentidos, enfatizando a circularidade que marca o processo comunicativo.

Ao lado das contribuições, também podem ser apontadas algumas críticas a essa tradição. Algumas pesquisas podem ser criticadas por enfocar demais os textos, deixando de lado os sujeitos que os realizam (como se os sentidos existissem independentemente dos indivíduos que os produzem e recebem).

Em outros estudos, os pesquisadores perderam de vista a força de dominação dos discursos midiáticos, ao enfatizar as leituras que os sujeitos realizam dos mesmos – negligenciando, assim, a dimensão ideológica dos textos. Há também críticos que consideram que os Estudos Culturais não são tão inovadores como sugerem, já que não conseguem traduzir seu referencial teórico em metodologias distintas de análise – a perspectiva estaria reproduzindo os interesses que já estavam presentes na Escola Americana. Apesar das críticas, as contribuições dos Estudos Culturais são importantes para refletir sobre a relação entre cultura e sociedade na contemporaneidade.

CAPÍTULO 5

O estudo da comunicação
na América Latina

No quadro geral dos estudos comunicacionais (e em livros estrangeiros que tratam da temática), a América Latina não chega a representar um capítulo de destaque. No entanto, nosso olhar não pode prescindir da apreciação das tendências e contribuições que caracterizaram as reflexões aqui desenvolvidas – não apenas porque este é o nosso lugar, mas porque, muito claramente, na apropriação de teorias externas, as especificidades históricas de nosso continente se fizeram sentir, marcando uma distinção.

Em linhas gerais, pode-se dizer que a pesquisa em comunicação na América Latina teve início apenas a partir da segunda metade do século XX. Embora os primeiros cursos de Jornalismo datem dos anos 1930-1940,[1] o início do século registra somente trabalhos esparsos sobre a história e a legislação do Jornalismo. A partir daí, e até o final do século XX, podemos, *grosso modo*,

---

[1] O ensino de Jornalismo na América Latina teve início na Argentina, em 1934, pela iniciativa do Circulo de Periodistas de la Provincia de Buenos Aires. No ano seguinte o curso foi integrado à Faculdade de Humanidades da Universidade de La Plata (para saber mais, ver <http://www.perio.unlp.edu.ar/node/18>). No Brasil, o primeiro curso de Jornalismo foi criado na Faculdade Cásper Líbero (SP), em 1947.

identificar três fases[2]: o surgimento dos primeiros estudos, sob influência americana; a fase crítica, de denúncias e proposições, por volta da década de 1970; o viés culturalista, a partir dos anos 1980.

A influência norte-americana

Pode-se estabelecer como marco inicial da pesquisa na América Latina a criação do Centro Internacional de Estudios Superiores de Comunicación para América Latina (CIESPAL) em Quito, Equador, no ano de 1959, sob a égide da Unesco e da Organização dos Estados Americanos (OEA). Era o período da Guerra Fria, e a América Latina fazia parte do legado americano; face à Revolução Cubana e às ameaças revolucionárias, o governo Kennedy responde com um programa político nomeado Aliança para o Progresso (BERGER, 2001, p. 242), que colocou em marcha iniciativas de cunho cultural e educativo no continente, como forma de orientar (e domesticar) o pensamento reflexivo latino-americano.[3] A instalação do CIESPAL se dá nesse contexto (e em função dele); o Centro oferece cursos de formação para pesquisadores, dirige grandes projetos de pesquisa, promove a vinda de professores renomados dos EUA tanto para seminários em Quito como para visitas e incursões em diversas universidades latino-americanas.

A base teórica dessas iniciativas na área da Comunicação é a Mass Communication Research, dentro de uma variante

---

[2] Outros autores apresentam quadros semelhantes de sistematização dos estudos da Comunicação na América Latina: Dalla Costa, Machado e Siqueira (2006) falam em quatro períodos (incluindo a primeira metade do século XX, marcada por estudos históricos e documentais); Herscovitz (1995) classifica em três momentos (iniciando com a criação do CIESPAL).

[3] A criação do curso pós-graduação em Extensão Rural na Universidade de Viçosa (MG), em 1968, se inscreve na política dos acordos com United States Agency for International Development (USAID) – agência americana criada em 1961 para prestar assistência aos países subdesenvolvidos nas áreas de economia, agricultura, saúde, política e assistência humanitária –, e contou com a presença e orientação de pesquisadores americanos da área de Comunicação para o Desenvolvimento.

específica e bastante adequada para nossos países agrários e subdesenvolvidos, conhecida como Comunicação para o Desenvolvimento, Difusão de Inovações ou simplesmente "difusionismo". Era uma combinação da teoria funcionalista da Comunicação com uma teoria sociológica mais ampla chamada Teoria da Modernização, que surge nas décadas de 1950 e 1960. Segundo Mattelart e Mattelart, os expoentes desta última entreviam "a saída do subdesenvolvimento como passagem linear da 'sociedade tradicional' para a 'sociedade moderna', a primeira concentrando todos os defeitos, a outra todas as vantagens para alcançar a realização da 'revolução das esperanças crescentes'" (MATTELART; MATTELART, 1999, p. 49).

Os autores de referência dessa "comunicação para o desenvolvimento" foram Everett Rogers, Daniel Lerner, Wilbur Schramm. Calcado no modelo transmissivo da comunicação, o difusionismo apregoava o papel da comunicação para promover o desenvolvimento dos países "atrasados", o uso da informação para difundir ideias inovadoras e capazes de alavancar novos comportamentos e promover a mudança e o desenvolvimento. Fonseca, citada por Wagner (2011), destaca que de acordo com a teoria difusionista de Rogers, a difusão e alocação de ideias novas significa "transferência de certos traços de cultura de uma das áreas civilizadas a outra não civilizada" (FONSECA, 1985 *apud* WAGNER, 2011, p. 18).

Era uma teoria voltada, sobretudo, para o meio rural[4] e tinha como alvo privilegiado os agricultores de hábitos tradicionais. Conforme Lerner (1973),

> Na sociedade tradicional, agora desaparecendo no mundo, a *inércia* era o princípio nodal de personalidade para a maioria das pessoas [...] A modernização

---

[4] É interessante registrar que muitos pesquisadores dessa época vinham da área de Ciências Agrárias, com especialização e pós-graduação em Comunicação. Os primeiros doutores em Comunicação no Brasil, formados nos Estados Unidos, eram agrônomos. Entre eles, o pesquisador paraguaio, radicado posteriormente no Brasil, Juan Díaz Bordenave, que teve uma presença significativa nos estudos comunicacionais brasileiros nos anos 1970, já nos marcos de um pensamento crítico latino-americano.

(que é o objetivo de todas as operações de desenvolvimento) reverteu isso tudo. As palavras-chave converteram-se em: mobilidade, empatia, participação. Isso significava, antes de mais nada, que povos antes inertes se tornaram ativos (1973, p. 324, grifo do autor).

Para Schramm (1970), a essência do desenvolvimento econômico de uma sociedade é o aumento da produtividade, e o setor mais produtivo da sociedade é a indústria. O desenvolvimento industrial, porém, está atrelado ao avanço de outros setores da sociedade, sobretudo da agricultura. Ao mesmo tempo, nenhum setor se desenvolve se não houver um investimento em recursos humanos; assim, "agricultura, incrementação social e recursos humanos têm de ser desenvolvidos até certo ponto antes que um país qualquer esteja pronto para dar o 'grande salto' na indústria" (p. 52), ele diz. O processo de desenvolvimento consiste em uma "ampla transformação da sociedade; modernizar a agricultura tradicional é tarefa onerosa, que requer o ensino de novas técnicas e novas concepções, e a persuasão dos agricultores a abandonar práticas anacrônicas e a *ter confiança*" (p. 54, grifo nosso). Trata-se de alcançar a "formação de um novo indivíduo, com novos horizontes, novas habilidades, novos objetivos" (p. 54). Nessa tarefa de persuasão e de criação do "novo indivíduo", a comunicação se torna peça estratégica: "a tarefa dos veículos de comunicação de massa e informação e os 'novos veículos' de educação consiste em acelerar e facilitar a longa e lenta transformação social necessária para o desenvolvimento econômico, e, em particular, acelerar e uniformizar a tarefa de mobilização dos recursos humanos pelo esforço nacional" (p. 55).

Crítica ao imperialismo e iniciativas democráticas

Os anos 1970 marcam uma reviravolta – uma virada crítica nos estudos comunicacionais, capitaneada pelo mesmo CIESPAL, sob nova orientação. No seminário Investigación de la Comunicación en América Latina, organizado pelos pesquisadores latino-americanos em 1973, na Costa Rica, várias críticas foram feitas à perspectiva de trabalho do Centro (conforme relata Beltrán *apud* Berger, 2001, p. 243): falta de um marco conceitual próprio e estreitamento temático; ausência de uma visada crítica e de uma contextualização socioeconômica e cultural dos estudos, entre outras. Também foi adotada ali uma nova direção política, comprometida com o desenvolvimento de caminhos teóricos e metodológicos voltados para as necessidades dos países de Terceiro Mundo, buscando "traçar pautas de ação em prol de uma investigação arraigada na totalidade social e na história regional concreta, de caráter interdisciplinar, comprometida com a transformação da sociedade e que conceba a comunicação como um processo não fragmentário" (Villanueva *in* Marques De Melo; Gobbi, 2004, p. 55).

À reorientação do CIESPAL se seguiu a criação de outros centros de pesquisa em diferentes países do continente. Berger (2001) nomeia os vários institutos e publicações que foram criados no período: além do CIESPAL, no Equador, o Instituto de Investigação da Comunicação (ININCO), na Venezuela; o Centro de Estudos da Realidade Nacional (CEREN), no Chile; o Instituto Latino-Americano de Estudos Transnacionais (ILET), no Chile; as revistas *Comunicación y Cultura* (no Chile); *Lenguajes* (Argentina); *Chasqui* (Equador); os *Cuadernos del ILET* (Chile); *Comunicación y Sociedad* e *Culturas Contemporáneas* (México). Todos eles congregavam pesquisadores comprometidos em criar um "pensamento latino-americano" da comunicação.

Vários nomes se destacaram nesse cenário, como será mencionado adiante, contribuindo, cada um à sua maneira, para a configuração do perfil da década – uma década de envolvimento quase militante na luta contra a dominação cultural e por uma outra forma de comunicação. São eles: Armand Mattelart,[5] Ariel

---

[5] Armand Mattelart é um sociólogo belga, radicado hoje na França. Começou sua carreira como docente no Chile, em 1962. Durante o governo de Salvador Allende, foi conselheiro para políticas de comunicação e participou de projetos para reforma da mídia. Escreveu vários livros naquele período. Foi extraditado em 1973. Sua produção acadêmica continuou intensa até nossos dias. Foi professor em várias universidades francesas, tendo se aposentado em 2005. Foi consultor

Dorfman, no Chile; Antonio Pasquali, na Venezuela; Luis Ramiro Beltrán, na Colômbia; Eliseo Verón,[6] Héctor Schmucler,[7] na Argentina. Do Brasil registramos a contribuição notável de Paulo Freire.

É interessante apontar que, de acordo com a situação política na América Latina nos anos 1970, o grupo de pesquisadores migrava de um país para outro (num determinado momento, vários deles se agruparam no Chile; após o golpe de Augusto Pinochet, que depôs Salvador Allende, em 1973, alguns se reuniram no México, onde criaram o ILET, anteriormente citado).

Pode-se perceber, na dinâmica que marcou os anos 1970, duas vertentes distintas e articuladas: a) um trabalho de crítica tanto à presença e influência dos interesses norte-americanos nas práticas e nos produtos veiculados pelos meios de comunicação dos latino-americanos, como à teoria funcionalista da comunicação e ao modelo transmissivo; b) o desenvolvimento de um marco teórico próprio, voltado para o estímulo de novas práticas comunicativas, de caráter horizontal.

O Imperialismo Cultural

A primeira vertente é claramente denuncista, e esteve voltada para a caracterização e a crítica da intervenção ideológica dos americanos em nossas sociedades, tanto através dos meios de comunicação como por vias acadêmicas. Foi a chamada teoria

---

especialista em comunicação da ONU; desde 2003, é presidente do Observatório Francês da Mídia.

[6] Assim como Mattelart, Eliseo Verón (1935-2014) permaneceu como referência forte até nossos dias. Formado em Filosofia em Buenos Aires, estudou no Laboratório de Antropologia Social do Collège de France, com Claude Lévi-Strauss. Dedicou-se depois à Semiologia; foi professor na França durante vários anos. Verón tinha fortes ligações no Brasil; no final da década de 2000 fundou o Centro Internacional de Semiótica e Comunicação (CISECO), com sede em Japaratinga, litoral de Alagoas.

[7] Héctor Schmucler estudou com Barthes na École Pratique des Hautes Études, em Paris, participou de várias revistas na Argentina e também da criação de *Comunicación y Cultura* no Chile, junto com Mattelart.

do Imperialismo Cultural, desenvolvida por pesquisadores de diversos países (inclusive dos EUA), de forte base empírica, e se utilizando de um referencial teórico de cunho notadamente marxista (contribuições da Escola de Frankfurt, do pensamento gramsciano). Essa teoria foi também claramente influenciada pelos sociólogos e economistas da CEPAL[8] e pela Teoria da Dependência. Contrapondo-se à teoria da Modernização (baseada na dicotomia atraso-desenvolvimento), a Teoria da Dependência apontava a profunda articulação que sustenta o capitalismo mundial, com países centrais cujas economias se apoiam na exploração dos países periféricos. Conforme Theotônio dos Santos (citado por VILLANUEVA *in* MARQUES DE MELO; GOBBI, 2004, p. 63):

> a dependência é uma situação na qual um certo grupo de países tem sua economia condicionada pelo desenvolvimento e expansão de outra economia à qual a própria está submetida. [...] De qualquer forma, a situação de dependência conduz a uma situação global dos países dependentes que os situa em atraso e sob a exploração dos países dominantes.

Assim, trata-se de uma teoria sobre o imperialismo econômico, mostrando a inserção histórica de alguns países no sistema capitalista, desde o período colonial, na condição de economias dependentes, o que perpetuou a relação de dominação e estabeleceu a correspondência entre riqueza-pobreza

---

[8] A Comisión Económica para América Latina y el Caribe (CEPAL) foi estabelecida pelo Conselho Econômico e Social da ONU em 1948, em Santiago do Chile. Foi fundada "para contribuir al desarrollo económico de América Latina, coordinar las acciones encaminadas a su promoción y reforzar las relaciones económicas de los países entre sí y con las demás naciones del mundo" (<www.cepal.org/es/about>). Nos anos 1970 (governo Allende), acolheu intelectuais exilados de vários países da América Latina (inclusive, muitos brasileiros). As teses da CEPAL foram formuladas principalmente pelo economista Raúl Prebisch, em torno da ideia do "desenvolvimento para dentro", propondo a industrialização da região, a substituição das importações, um reequilíbrio das relações comerciais entre os países do centro (os industrializados) e os de periferia (fornecedores de matéria--prima) (VILLANUEVA *in* MARQUES DE MELO; GOBBI, 2004, p. 62).

e exploradores-explorados. Tendo em vista esse cenário, seus teóricos procederam à

> crítica dos conceitos de subdesenvolvimento e periferia econômica, e à valorização do conceito de dependência, como instrumento teórico para acentuar tanto os aspectos econômicos do subdesenvolvimento quanto os processos políticos de dominação de uns países por outros, de umas classes sobre as outras, num contexto de dependência nacional (CARDOSO; FALETO, 1979, p. 139).

A teoria do Imperialismo Cultural dialoga e complementa a Teoria da Dependência, mostrando como meios de comunicação, cultura e educação caminham juntos com a dominação econômica, fazendo o trabalho da ideologia: promover a aceitação dos valores da Metrópole, legitimar a dominação, neutralizar a crítica.[9]

No que diz respeito à denúncia da ação dos meios de comunicação, inúmeros estudos mapearam a presença e alcance da produção norte-americana em países latino-americanos. Beltrán e Cardona relatam pesquisa empreendida por vários pesquisadores que indicam, num período de dez anos, o seguinte resultado:

> 1. Pelo menos dois terços das notícias relativas à América Latina estão a cargo da UPI e AP, em todos os sentidos do fluxo: da América Latina para o resto do mundo e vice-versa, assim como dentro da mesma região;
> 2. Em quase todos os países latino-americanos, as principais agências publicitárias dos Estados Unidos

---

[9] Herbert Schiller, pesquisador norte-americano, inicia seu livro *O império norte-americano das comunicações* com uma citação de um editorial da revista *Life*: "Faz mais de um quarto de século que Henry Luce, em editorial da Life, conclamava os americanos a 'aceitar de todo o coração nosso dever e oportunidade como a nação mais poderosa do mundo e, em consequência, exercer sobre o mundo o pleno impacto de nossa influência para os objetivos que consideremos convenientes e por meios que julguemos apropriado'. Além disso disse ele que 'é chegada a hora de sermos a central geradora de onde os ideais se espraiem pelo mundo'" (SCHILLER, 1976, p. 11).

controlam a maior parte da propaganda das corporações transnacionais;
3. A maior parte dos estudos de mercado e opinião pública na América latina é realizada por firmas norte-americanas ou suas filiais locais;
4. Mais de 50% do total dos filmes apresentados na região procedem dos Estados Unidos;
5. Em média, um terço dos programas de televisão é "enlatado", produzido nos Estados Unidos;
6. A maioria das histórias em quadrinhos, tiras cômicas e revistas de grande circulação destinadas a públicos especiais são traduções e adaptações de publicações dos Estados Unidos, realizadas por subsidiárias locais;
7. Grande parte da música transmitida pelas estações de rádio procede dos Estados Unidos (1982, p. 30-31).

Ou seja, tratava-se de denunciar que, no empreendimento jornalístico, a América Latina se informava do mundo (e inclusive de si mesma) e era mostrada para o mundo a partir dos olhos e do viés americano. No campo da publicidade e da dinâmica de consumo, produtos americanos eram vendidos aos públicos latino-americanos a partir de estímulos e processos persuasivos americanos (o que é bom para eles, é bom para nós). Do ponto de vista ficcional, a indústria hollywoodiana alimentava o imaginário latino-americano com valores do *american way of life*. Isto sem falar em campanhas educativas veiculando propagandas anticomunistas,[10] bolsas de estudo nos Estados Unidos, financiamento de pesquisas, distribuição de livros e assim por diante.

Desnudar o imperialismo cultural latino-americano foi o objetivo de inúmeros pesquisadores dessa corrente de estudo.

---

[10] Beltrán e Cardona (1982, p. 32-33) citam pesquisa de Fresenius e Vergara (em 1974), a propósito da distribuição de historietas de conteúdo político na América Latina por parte do USIS (United States Information Service), com exemplos de revistas distribuídas no Chile às vésperas das eleições presidenciais, prevenindo contra o candidato da Unidade Popular, Salvador Allende (aliás, vencedor do pleito); também um folheto distribuído simultaneamente em 11 países, em 1969, "alertando" a população contra as técnicas de sedução da guerrilha e mostrando-a como um engodo para as massas.

Seu propósito, nas palavras de Mattelart, era "questionar o papel da cultura de massas na reprodução cotidiana da dominação de nossos povos, e também a exprimir a resposta das classes dominadas [...] à agressão cultural do imperialismo norte-americano e de seus aliados *criollos*" (MATTELART, 1976, p. XI).

Na mesma perspectiva de crítica ideológica, também foram desenvolvidas análises textuais de base semiológica. Na Argentina, Eliseo Verón (que teve uma trajetória diversificada) se vincula durante certo período ao Centro de Investigationes Sociales do Instituto Torcuato di Tella e publica estudos sobre a semantização da violência política, construindo um referencial teórico-metodológico significativo para a análise da mídia, combinando um referencial da linguística estruturalista, marxismo e psicanálise.[11]

Um estudo clássico (e bastante emblemático do período) foi o livro *Para ler o Pato Donald*, de Armand Mattelart e Ariel Dorfman. Acusado de panfletário e maniqueísta, o estudo fazia uma leitura dos personagens criados por Walt Disney, que estariam traduzindo os valores capitalistas de acumulação e consumo,[12] uma visão estereotipada dos países vizinhos ("povos exóticos"),[13] uma construção assexuada dos personagens, uma associação entre a sexualidade e o mal.

Já não podem escapar a ninguém os propósitos políticos de Disney, tanto nestas poucas histórias em

---

[11] Conforme Maldonado (2001, p. 209), "o caráter inconsciente das estruturas ideológicas orientou Verón para a necessidade metodológica de inserir a psicologia nas pesquisas de comunicação. A análise marxista clássica [...] devia ser complementada por uma análise psicológica dos portadores das ideologias, de suas condutas e de seus pacotes significantes".

[12] "Em mais de 75% das histórias lidas viaja-se em busca de ouro (nos outros 25% compete-se pela fortuna – em forma de dinheiro ou de fama – dentro da cidade) (DORFMAN; MATTELART, 1978, p. 80). "Os personagens estão por isso frenéticos para conseguir dinheiro. Utilizando as tão manuseadas imagens infantis, Disneylândia é o carrossel do consumo. O dinheiro é o fim último a que tendem os personagens porque concentra em si todas as qualidades do mundo (p. 80).

[13] "Há dois extratos em Disney: o dominante, que inclui basicamente os habitantes pequenos de Patolândia, e o dominado, onde estão os selvagens-bonzinhos e os delinquentes" (DORFMAN; MATTELART, 1978, p. 111).

> quadrinhos onde tem que mostrar abertamente suas intenções, como naquelas majoritárias, em que está cobrindo de animalidade, infantilismo, bom-selvagismo, uma trama de interesses de um sistema social historicamente determinado e concretamente situado: o imperialismo norte-americano (DORFMAN; MATTELART, 1978, p. 68-69).

Ao lado da crítica e denúncia do imperialismo nos meios de comunicação, os autores latino-americanos fizeram também a crítica e repúdio das teorias da comunicação americanas, que, longe de uma suposta neutralidade científica, seriam também revestidas de interesses ideológicos: tratar-se-ia de uma "teoria" comprometida com a prática dominadora no âmbito da comunicação e destinada a legitimá-la. A Mass Communication Research não apenas prescindia de qualquer visada histórica e contextualização socioeconômica dos meios, como se assentava em um paradigma – o transmissivo – que traduzia a relação assimétrica entre um emissor que sabe e decide e um receptor que acolhe e se modifica em função dos estímulos recebidos. A relação ativo-passivo não apenas deixava de ser problematizada, como era naturalizada nessa operação.

A comunicação horizontal

Uma segunda vertente, claramente articulada à primeira – e, de certa forma, como consequência dela – pode ser identificada na reflexão teórica e nas iniciativas de outros tantos pesquisadores em prol de uma comunicação democrática e horizontal. O grande inspirador e teórico dessa perspectiva foi o educador brasileiro Paulo Freire. Pernambucano, e tendo participado do início do governo João Goulart na criação de um programa de educação de adultos, foi preso e exilado com o Golpe Militar de 1964, tendo vivido grande parte de sua vida no exterior: Bolívia, Chile (onde viveu cinco por anos), Estados Unidos, Suíça (atuando como consultor em vários trabalhos, inclusive em programas desenvolvidos na África).

Ao longo de seu exílio e suas inúmeras experiências, escreveu vários livros – *Pedagogia do oprimido*; *Educação como prática da liberdade*; *Extensão ou Comunicação?*, dentro de uma extensa lista. Seu tema era a educação – mas a base de seu programa educativo e de conscientização era o diálogo. Em suas reflexões, o diálogo e a troca são vistos como fundadores da educação e, portanto, da verdadeira comunicação. Afinal, "educação é comunicação, é diálogo, na medida em que não é transferência de saber, mas um encontro de sujeitos interlocutores que buscam a significação dos significados" (Freire, 1977, p. 69). Ele faz uma crítica à teoria difusionista e à prática de extensão agrícola, entendida como "contrária à verdadeira comunicação", pois, em sua perspectiva, "educar e educar-se, na prática da liberdade, não é estender algo desde a 'sede do saber' até a 'sede da ignorância' para 'salvar', com este saber, os que habitam nesta" (Freire, 1977, p. 25). Nesse sentido, a educação é vista como um instrumento de libertação dos seres humanos.

> Conhecer, na dimensão humana, que aqui nos interessa, qualquer que seja o nível em que se dê, não é o ato através do qual um sujeito, transformado em objeto, recebe, dócil e passivamente, os conteúdos que outro lhe dá ou impõe. O conhecimento, pelo contrário, exige uma presença curiosa do sujeito em face do mundo. Requer uma ação transformadora sobre a realidade. Demanda uma busca constante. Implica em invenção e em reinvenção. Reclama a reflexão crítica de cada um sobre o ato mesmo de conhecer pelo qual se reconhece conhecendo e, ao reconhecer-se assim, percebe o "como" de seu conhecer e os condicionamentos a que está submetido seu ato (Freire, 1977, p. 27).

Assim, ele se tornou a referência para inúmeras reflexões e trabalhos de intervenção que procuraram reverter a "incomunicação" dos povos latino-americanos (sobretudo das populações pobres e marginalizadas) através de práticas comunicativas chamadas na época de "comunicação horizontal", "comunicação participatória", "comunicação popular e alternativa".

Também o filósofo venezuelano Antonio Pasquali enfatizava a distinção conceitual entre "comunicação" – um processo marcado pela bilateralidade, pela reversibilidade – e "informação", marcada pela unilateralidade e expropriação da palavra. Para o autor, a comunicação se estabelece através da troca de ideias, do diálogo, da construção comum, que só é possível quando entre os dois polos da estrutura relacional funciona uma lei de bivalência: todo transmissor pode ser receptor, todo receptor pode ser transmissor (Pasquali, 1973, p. 10-14). A comunicação implica uma dupla consciência (consciência de mim, consciência do outro), um estado de aberto, o descobrimento-aceitação da alteridade na interlocução.

Distinguindo da verdadeira comunicação, Pasquali (1973, p. 23) chama de relação de informação às formas de relacionamento em que o transmissor e o receptor perdem a ambivalência própria do esquema comunicacional, substituindo o diálogo por um dizer ordenando ("a vontade de entender, agora imposta unilateralmente ao receptor, se transforma de pacto em mandamento"), sem possíveis réplicas da parte receptora, numa tentativa de subtrair, diminuir, alienar o receptor, que se transforma "em pura consciência absorvente" (Pasquali, 1973, p. 22-25).

Para se referir a essa situação de não comunicação, os pesquisadores da época cunharam o conceito de "incomunicação", que significava não (apenas) a falta de acesso aos meios e à informação, mas sobretudo

> o não acesso à palavra, o fechamento da relação, com as funções de emitir e receber rigidamente divididas e estabelecidas, consistindo seja na relação de informação (em que ocorre o fluxo unilateral de mensagens), seja em relações de imposição e persuasão (quando a relação se caracteriza pelo predomínio das ideias e argumentos de um dos polos, em detrimento das posições e contribuições do polo oposto. (França, 1978, p. vii).

Esse quadro teórico, que resulta da contribuição de Freire, Pasquali e outros, culmina na formulação do modelo dialógico da comunicação. Em oposição ao modelo transmissivo, ou informativo, que se traduz na relação Emissor → Receptor, o modelo dialógico diz respeito a uma relação de reversibilidade, onde um emissor-receptor envia e recebe mensagens de um receptor-emissor: E/R ←→ R/E.

Tal modelo envolve vários elementos, conforme explica Beltrán (1981, p. 32): o acesso ("exercício efetivo do direito de receber mensagens"); o diálogo ("o exercício efetivo do direito de receber e ao mesmo tempo emitir mensagens"); a participação ("exercício do direito de emitir mensagens"); o direito à comunicação ("direito natural de todo ser humano de emitir e receber mensagens"); a necessidade de comunicação ("tanto uma exigência natural individual quanto um requisito da existência social sobre o uso dos recursos da comunicação com a finalidade de compartilhar as experiências por meio da interação mediada por símbolos"); o recurso da comunicação ("qualquer elemento de energia/matéria [...] capaz de ser usado para possibilitar o intercâmbio de símbolos entre os seres humanos"); a liberdade e o igualitarismo (os quais são relativos, já que nem a liberdade absoluta nem a igualdade absoluta são possíveis). A partir dessa apresentação, o pesquisador defende, retomando uma expressão de Lasswell, que a comunicação horizontal seja vista como "uma forma conveniente de descrever comunicação" (BELTRÁN, 1981, p. 34).

A comunicação horizontal era sobretudo um modelo para ser aplicado na prática. Algumas experiências "de devolver a palavra ao povo" se sucederam na América Latina, como as rádios mineiras na Bolívia, os trabalhos de Mario Kaplún no Uruguai, de educação e comunicação popular tanto no rádio como na televisão, além de outros exemplos,[14] com o objetivo de torná-lo narrador de sua experiência, protagonista de sua história.

> A definição do povo como protagonista implica, sobretudo, que as classes trabalhadoras elaborem suas

---

[14] Veja-se, a propósito, o livro de Frank Larufa, *Comunicación horizontal* (1971).

notícias e discutam-nas. Isso significa que ele pode ser o emissor direto de suas próprias notícias, de sua comunicação. Para cumprir com esta necessidade e esta exigência, é preciso que se tenha à sua disposição e sob sua responsabilidade a emissão e a confecção de um órgão de comunicação, no nível e na órbita em que gravita sua prática social: jornais de fábrica, de bairro, de centros de mães... (MATTELART, 1973, p. 91, tradução nossa).

Esse período foi marcado por muito entusiasmo e envolvimento; como já dito anteriormente, a pesquisa acadêmica em muitos momentos se confundiu com a militância política. No entanto, ela não foi muito duradoura, e seu final se tornou um tanto melancólico, como expressa a frase de Pasquali, no livro *El orden reina*, referindo-se às atividades que buscaram modificar o sistema de comunicação na América Latina: "Todo este enorme trabalho deve ser qualificado hoje, com lucidez, como um fracasso" (*apud* BERGER, 2001, p. 272). Os grandes conglomerados de comunicação permaneceram intocados (aos americanos se somaram grandes empresas nacionais de comunicação, exercendo, algumas, verdadeiro monopólio de mercado, com foi o caso da Rede Globo no Brasil).[15] As massas trabalhadoras não se mostraram verdadeiramente convencidas da necessidade de substituir os canais e programas hegemônicos por formas próprias de comunicação. Já no início dos anos 1980, essa linha de reflexão havia se esgotado.

Do ponto de vista teórico, a perspectiva desenvolvida incorreu em uma certa idealização e mesmo no tecnicismo, ao supor que a distribuição e acesso aos meios de produção (ao aparato técnico) seria suficiente para reverter as desigualdades e a assimetria da comunicação em nossos países. O paradigma dialógico, supondo igualdade de condições e uma troca

---

[15] O livro de Daniel Herz, *A história secreta da Rede Globo*, traça um panorama da criação do monopólio da emissora, tratando do contrato Globo/Time Life e das relações com os governos militares.

permanente entre os membros da sociedade, se mostrou não apenas irreal (muito distante do quadro de interações no seio da sociedade industrial avançada que é a nossa) como insuficiente para analisar a pluralidade de configurações através das quais se realizam as múltiplas práticas comunicativas que povoam nossa realidade: é um modelo de "sim-ou-não", que apenas nos permite, ao analisar uma situação, dizer se ali se processa uma comunicação dialógica (uma verdadeira comunicação, nos dizeres de Pasquali) ou uma comunicação transmissiva (uma relação de informação, conforme Pasquali).

Fechando essa fase, no entanto, é preciso olhar para além da fala (e sentimento) pessimista(s) de Pasquali. Se é verdade que mudanças imediatas não se fizeram sentir, esse movimento latino-americano não foi isolado e fez parte de uma tendência muito mais ampla de crítica ao monopólio americano no campo dos meios de comunicação, como registrado pelo Relatório MacBride, da Unesco, em 1980.[16] Esse relatório e outros estudos do gênero fizeram parte de uma perspectiva nomeada Nova Ordem Mundial da Informação e Comunicação (NOMIC), iniciada nos anos 1970 e que se prolongou até metade dos anos 1980. Foi depois substituído pela bandeira de democratização da informação.

Inscrita, portanto, num contexto mais amplo de crítica política e sentimento anti-imperialista, dialogando com correntes teóricas externas e tendências políticas mundiais, devemos reconhecer que se constituiu, de fato, uma "escola latino-americana da comunicação" na década de 1970, bem como identificar e resgatar seu mérito.

Ecos dessa perspectiva podem ser identificados em iniciativas e reivindicações contemporâneas, tais como a criação de

---

[16] Relatório feito por uma comissão presidida pelo irlandês Seán MacBride. O objetivo era analisar a situação da comunicação no mundo, no tocante ao acesso à informação, concentração e comercialização da produção, entre outros aspectos. A comissão deveria, ainda, sugerir medidas para melhorar os desequilíbrios no fluxo e na distribuição da informação e dos produtos culturais. O resultado do estudo foi rejeitado pelos Estados Unidos e pela Inglaterra, considerado por eles como um ataque à liberdade de imprensa e livre fluxo da informação.

rádios e tevês comunitárias; as lutas pela inclusão digital, as críticas aos monopólios da comunicação; debates em torno da criação de políticas democráticas de comunicação, entre outras. Ela se desdobra também na historicidade e no sentimento identitário, tendências que atravessaram os estudos nas décadas seguintes e permanecem até hoje, marcando a reflexão latino-americana.

Se o modelo dialógico não chegou a se constituir como novo paradigma da área, as críticas formuladas ao modelo transmissivo e à abordagem funcionalista se mostraram pertinentes e sólidas, embasando a busca por formulações mais densas, que pudessem de fato se colocar como alternativa ao paradigma informativo.

Cultura popular e mediações

Os anos 1980 trouxeram uma desaceleração nas pesquisas e talvez uma reacumulação de forças. O aparecimento do livro *De los medios a las mediaciones*, de Jesús Martín-Barbero,[17] em 1987, é marco do surgimento de uma nova fase, que frutifica ao longo da década seguinte e início do século XXI. Traduzindo diferentes influências – de Gramsci, dos estudos culturais ingleses em seus anos iniciais, da Escola de Frankfurt, de autores franceses como Michel de Certeau, Edgar Morin, Pierre Bourdieu e vários autores latino-americanos –, a "perspectiva das mediações" inaugurada por Martín-Barbero significou um resgate das tradições culturais populares em nosso continente, no diálogo complexo que elas estabeleceram com a cultura midiática e as novas tecnologias.

---

[17] Espanhol de origem, Martín-Barbero (1937-) é radicado na Colômbia desde 1963. É doutor em Filosofia (Universidade Católica de Lovaina, Bélgica) e pós-doutor em Antropologia e Semiótica (École des Hautes Études en Sciences Sociales, França). Em seu primeiro livro, *Comunicação massiva: discurso e poder* (1978), o pesquisador atenta para os discursos midiáticos, bem como para as relações de poder inscritas nos mesmos. Entretanto, é a partir do deslocamento proposto por ele da análise *dos meios às mediações* que Martín-Barbero se projeta de forma mais evidente no cenário acadêmico latino-americano, destacando-se por sua preocupação com o contexto social da América Latina, particularmente com as especificidades da cultura aqui produzida.

No início, a perspectiva de Martín-Barbero procurou deslocar a ênfase midiacêntrica (estudo dos meios) para o local da cultura – para as inúmeras mediações culturais que cruzam as lógicas da produção e da recepção, buscando apreender as dinâmicas singulares que conformam o cenário da cultura midiática de nossos países latino-americanos. Assim, e referindo-se aos estudos do meio televisivo (naquele momento, o meio comunicativo mais expressivo), o desenho metodológico por ele proposto deveria "abandonar o mediacentrismo" e "partir das *mediações*, isto é, dos lugares dos quais provêm as construções que delimitam e configuram a materialidade social e a expressividade cultural da televisão" (MARTÍN-BARBERO, 2001, p. 304, grifo do autor).

Nesse primeiro trabalho, o autor apresenta três lugares de mediação: a cotidianidade familiar, a temporalidade social e a competência cultural. A cotidianidade familiar destaca a família como "um dos espaços fundamentais de leitura e codificação da televisão" (2001, p. 305). Ou seja, a partir desse lugar social, é possível apreender de que maneira se constituem as interações entre a codificação dos programas televisivos e seus processos de leitura no cotidiano. A mediação não se inscreve, assim, apenas no âmbito da recepção, mas da configuração do próprio discurso televisivo. Na tentativa de elucidar a cotidianidade familiar como mediação, o autor destaca dois dispositivos fundamentais forjados pela TV em sua interação com o cotidiano familiar (tão marcado por relações estreitas e de proximidade): a simulação do contato e a retórica do direto.

A *simulação de contato* diz respeito "aos mecanismos mediante os quais a televisão especifica seu modo de comunicação organizando-a sobre o eixo da função fática (Jakobson), isto é, sobre a manutenção do contato" (2001, p. 305). Ou seja, a TV interpela a família, a partir do tom coloquial característico de sua linguagem, assim como da simulação do diálogo. A *retórica do direto*, por sua vez, é compreendida como "o dispositivo que organiza o espaço da televisão sobre o eixo da *proximidade* e da *magia de ver*, por oposição ao espaço cinematográfico dominado pela distância e pela mágica da *imagem*" (2001, p. 306). Os sujeitos se sentem próximos da TV, que figura nas salas e quartos de suas casas, ao mesmo tempo em que ela nos aproxima do mundo – de seus acontecimentos, de suas imagens. Na perspectiva do autor, é preciso atentar para esses dispositivos na tentativa de compreender a cotidianidade familiar como uma mediação importante na relação entre TV e audiência.

A temporalidade social é discutida por Martín-Barbero a partir da distinção e do cruzamento entre dois tempos: o produtivo e o da cotidianidade. O tempo produtivo "é o tempo que 'transcorre' e é medido; o outro, constituinte da cotidianidade, é um tempo repetitivo, que começa e acaba para recomeçar, um tempo feito não de unidades contáveis, mas sim de fragmentos" (2001, p. 307). Por um lado, a TV é caracterizada pelas repetições e pelos fragmentos que constituem o tempo da cotidianidade, e, ao se inserir no tempo da rotina, "a televisão inscreve a cotidianidade no mercado":

> O tempo com que organiza sua programação contém a forma da rentabilidade e do palimpsesto, um emaranhado de gêneros. Cada programa, ou melhor, cada texto televisivo remete seu sentido ao cruzamento de gêneros e tempos. Enquanto gênero, pertence a uma família de textos que se replicam e se reenviam uns aos outros nos diferentes horários do dia e da semana. Enquanto tempo "ocupado", cada texto remete à sequência horária daquilo que o antecede e daquilo que o segue, ou àquilo que aparece no palimpsesto nos outros dias, no mesmo horário (MARTÍN-BARBERO, 2001, p. 308).

Por outro lado, o tempo produtivo também marca a temporalidade televisiva, a partir da serialidade que caracteriza seu processo de produção: "o *tempo seriado* fala a língua do sistema produtivo – a da estandardização [...]. A série e os gêneros fazem agora a mediação entre o tempo do capital e o tempo da cotidianidade" (2001, p. 308). Assim, para pensar a temporalidade social como uma mediação, é preciso atentar para esse cruzamento entre os tempos produtivo e da cotidianidade que atravessam tanto a construção do discurso televisivo como a relação que estabelecemos com ele.

Ao apresentar a terceira mediação, a competência cultural, Martín-Barbero evidencia o papel dos gêneros de interpelar a audiência e ativar sua capacidade não apenas na identificação dos diferentes discursos televisivos, mas também na apropriação e na ressignificação dos mesmos. Conforme o autor,

> A dinâmica cultural da televisão atua pelos *seus gêneros*. A partir deles, ela ativa a competência cultural e a seu modo dá conta das diferenças sociais que a atravessam. Os gêneros, que articulam narrativamente as serialidades, constituem uma mediação fundamental entre as lógicas do sistema produtivo e as do sistema de consumo, entre a do formato e a dos modos de ler, dos usos (MARTÍN-BARBERO, 2001, p. 310-311).

Como podemos perceber, o conceito de mediações em Martín-Barbero é muito abrangente e apresenta um grau de abstração que dificulta a sua operacionalização em pesquisas empíricas de comunicação. Outros autores, incluindo o próprio Martín-Barbero, buscaram rediscutir a noção, na tentativa de afirmar um modelo teórico-metodológico para análise das mediações.

Dialogando com a reflexão do estudioso colombiano, o pesquisador mexicano Guillermo Orozco Gómez[18] apresenta outros tipos de mediações para compreender a interação entre TV e audiência, conforme discutido por Jacks (1999): a individual (cognitiva e estrutural), a situacional, a institucional, a de referência e a cultural.

As mediações centradas no indivíduo são divididas em dois tipos por Orozco. A cognitiva inclui um "conjunto de fatores

---

[18] Natural de Guadalajara (México), Guillermo Orozco Gómez (1951-) tem como eixo central de pesquisa as relações entre comunicação e educação. Fez mestrado e doutorado em Educação na Universidade de Harvard, dedicando-se ao estudo da recepção televisiva, particularmente, entre crianças. Sua tese (*Televisão comercial e educação infantil no México: a interação de instituições socializadoras na produção do aprendizado*) já sinaliza, assim, para os temas que marcam a sua trajetória acadêmica: "recepção televisiva e educação para a televisão" (DALLA COSTA; MACHADO; SIQUEIRA, 2006, p. 106).

que influem na percepção, no processamento e apropriação de elementos/acontecimentos que estão diretamente relacionados à aquisição de conhecimento" (JACKS, 1999, p. 53). A estrutural aponta para elementos configuradores da identidade do sujeito, tais como idade, sexo, religião e escolaridade. A mediação situacional chama a atenção para o contexto em que a interação entre TV e audiência ocorre e a partir do qual deve ser compreendida. No caso da televisão, o autor destaca o lar como espaço privilegiado de análise. A mediação institucional é realizada pelas instituições às quais o receptor pertence, tais como a família, a escola ou o partido político. Estas e a própria TV "são instituições que medeiam a relação do sujeito com o discurso televisivo, pois com elas o sujeito interatua, intercambia, produz e reproduz sentidos e significados" (JACKS, 1999, p. 55). As mediações de referência "dizem respeito a todo tipo de identidade a que estão sujeitos os receptores: cultural, étnica, etária, sexual, socioeconômica, geográfica, etc." (JACKS, 1999, p. 56). Completando o quadro,

> a mediação cultural, tida como fundamental, apesar de conceitual e metodologicamente ser menos desenvolvida pelo modelo, é denominada por Orozco de mediação com M maiúsculo. Desnecessário dizer que é a mediação na qual todas as demais se localizam e que se configura, portanto, em tema de grande importância e complexidade, devido ao caráter mais difuso e abrangente (JACKS, 1999, p. 57).

Nos anos que se seguiram, o mapa das mediações veio sendo amplamente rediscutido; conforme Lopes (2014), novos mapas analíticos foram propostos pelo próprio Martín-Barbero, "deslocando o estudo das mediações culturais da comunicação para o das *mediações comunicativas da cultura*" (p. 71, grifos da autora). Ainda de acordo com a pesquisadora, nessa reorientação, o olhar analítico não retorna aos meios, mas à comunicação: "É a própria noção de comunicação que é repensada. Passa-se a dar mais densidade epistemológica ao momento de conhecer o que vem da comunicação" (p. 71).

Assim, em trabalhos posteriores, Martín-Barbero tematiza a socialidade, a ritualidade, a tecnicidade e a institucionalidade como *mediações comunicativas da cultura*, tal como apresentado por Jacks e colaboradoras (2008). Conforme as autoras, a institucionalidade "surge para dar conta de maneira mais concreta e específica do âmbito dos meios, ou seja, dos discursos públicos, carregados de interesses e poderes contraditórios, mas que tendem à homogeneidade" (Jacks *et al*, 2008, p. 35). As outras três mediações citadas podem ser compreendidas a partir da explicação de Ronsini (2012, p. 65-66). A socialidade está relacionada às diferentes interações que são estabelecidas pelos sujeitos na vida cotidiana, as quais participam da construção de suas identidades, em um processo de negociação permanente. A ritualidade diz respeito ao modo como os sujeitos utilizam os meios, construindo seus percursos de leitura – os quais se relacionam com os processos educacionais e com as diferentes formas de saber. A tecnicidade, por fim, se refere às novas linguagens midiáticas construídas, bem como às novas práticas por elas instauradas. Essa mediação "aponta para os modos como a tecnologia vai moldar a cultura e as práticas sociais" (Ronsini, 2012, p. 66).

Essa perspectiva das mediações se traduziu empiricamente nos chamados "estudos da recepção", uma tendência amplamente difundida na América Latina, como aponta o trabalho coordenado por Guillermo Orozco Gómez (2002) *Recepción y mediaciones: casos de investigación en América Latina*. No Brasil, a perspectiva também vem se consolidando desde os anos 1990, como retratam Jacks e colaboradoras (2008). Nesse trabalho, as pesquisadoras recuperam a trajetória da pesquisa de recepção no Brasil na década de 1990, evidenciando diferentes abordagens que consolidaram esse tipo de estudo no país.

Outro pesquisador que se destaca no cenário latino-americano é o antropólogo Néstor García Canclini.[19] Ele procura

---

[19] García Canclini (1939-) nasceu na Argentina, mas é radicado no México, onde vive desde 1976. É doutor em Filosofia pela Universidade de Paris e já atuou em diferentes universidades pelo mundo, inclusive no Brasil, na Universidade de

refletir sobre a especificidade da cultura construída na América Latina, evidenciando que ela apresenta um caráter nem culto, nem popular nem massivo: ou seja, é uma *cultura híbrida* (García Canclini, 2013). Esse conceito caracteriza, assim, um conjunto de manifestações que não se enquadram de forma específica na cultura erudita, na popular e na de massas, delineando a complexidade da cultura latino-americana na sociedade globalizada.

É justamente nessa dinâmica que cruza o culto, o massivo e o popular na construção de uma cultura que a identidade de uma nação se constitui. Ou seja, nessa perspectiva, a identidade latino-americana também deve ser vista a partir da hibridação, ela não se circunscreve ao território, mas se efetiva a partir de uma soma de influências que o ultrapassam – provenientes das heranças europeia, africana, indígena.

Ao lado desses três autores, alguns outros se destacaram no cenário latino-americano nas duas décadas que fecharam o século XX (como o sociólogo brasileiro Renato Ortiz, a crítica literária e da cultura, Beatriz Sarlo, na Argentina), onde o viés da cultura e da historicidade, mas também a ênfase nos processos de hibridação e transformação trouxeram a especificidade das reflexões no momento.

Certamente, esta que foi uma terceira fase de estudos comunicacionais em nosso continente ainda está em curso, e novas configurações se delineiam, agora sobretudo no Brasil, com o forte crescimento na pesquisa e pós-graduação que se deu em nosso país nos últimos anos. Nosso objetivo aqui, no entanto, se limita a tratar das tendências que antecederam e, em grande medida, fundaram os trabalhos contemporâneos.

São Paulo. Suas pesquisas discutem as relações entre cultura e comunicação na sociedade globalizada, bem como os processos de construção das identidades nacionais e do consumo cultural. É um dos grandes expoentes do cenário acadêmico latino-americano na contemporaneidade.

CAPÍTULO 6

A vertente tecnológica: estudo dos meios

Este capítulo tem uma natureza distinta dos demais; não vamos tratar aqui de uma escola, de um conjunto de autores que desenvolveram uma determinada perspectiva teórica, mas de um eixo temático que, nas décadas iniciais dos estudos da comunicação, recebeu pequena atenção. Trata-se da análise dos meios – das tecnologias, operações, suportes através dos quais as práticas comunicativas são implementadas. Se é muito evidente que a explosão comunicacional, o fenômeno novo que, ao longo da primeira metade do século XX, impulsionou os estudos e a formulação de conceitos e teorias, foi o surgimento dos novos meios de comunicação de massa – a imprensa de grande tiragem (esta, desde meados do século XIX), mas sobretudo os meios audiovisuais (cinema, rádio, televisão) –, também é verdade que muito pouco se falou sobre a forma de funcionamento, a linguagem, as especificidades de cada um. Dada a sua presença, todos os olhares se voltaram para os efeitos que provocavam.

A própria compreensão da palavra "meio" não é clara; meio diz respeito a ambiente ("ela vive num meio inóspito"), mas também àquilo que se intercala e conecta uma coisa a outra ("a ponte é o único meio de chegar até lá"), às operações necessárias para se alcançar alguma coisa ou alguém ("a mímica foi o meio de me fazer entender"), aos procedimentos que permitem chegar a um determinado fim ("o trabalho é um meio de obter reconhecimento"). Meio compreende espaço (a sala de cinema, o ar), matéria (o papel, a película), instrumentos, ou artefatos (a câmera, o telefone), mas também a tecnologia de construção e operação desses instrumentos (saberes, habilidades e operações), bem como as linguagens que essas tecnologias possibilitam criar. Ou seja, o estudo dos meios abre um campo complexo e pouco definido.

Talvez por isso, mas também pela formação dos pesquisadores e pelo tipo de abordagem e questões que as escolas de pensamento formulavam nas primeiras décadas de estudo, os meios não foram vistos em si, mas apenas pelo que propiciavam. Chamados "meios de comunicação de massa" (MCM),[1] a grande inovação que trouxeram foi a relação um para muitos em um tempo simultâneo (abrangência e instantaneidade). Os diferentes veículos – o rádio, o cinema, a televisão, as revistas – se viam agrupados em seu papel de ampla difusão, alcançando e homogeneizando públicos diversos. Não se adentrava muito na discussão da configuração cada um: sua dimensão técnica, estética, sua especificidade enquanto formuladores de linguagens e relações distintas.

Carl Hovland (da Escola Americana, que trabalhou com os processos de persuasão), procurou distingui-los e chamou a atenção para o fato de que os meios não atuam da mesma maneira, provocando efeitos específicos, na medida em que apresentam prestígio diferenciado junto a seus públicos e satisfazem a interesses igualmente distintos. Mas ele não evidencia muito as especificidades de cada meio. Edgar Morin realçou a importância e a força da visualidade, no caso do cinema, na mitificação das *stars* hollywoodianas. Adorno, em sua crítica à indústria cultural, apontou a precariedade da tecnologia radiofônica para transmitir a riqueza sonora de uma sinfonia (e se perguntava como se concentrar em uma música que se mistura ao barulho das panelas).

---

[1] O uso da palavra "mídia" – do latim *medium* (singular) e *media* (plural) – é recente no Brasil. Até bem pouco tempo, traduzia-se *mass media* por meios de massa. Foi em décadas recentes que passou a ser usado *media* ou o neologismo mídia.

De forma conjunta (sem especificar muito a particularidade de cada um) eles foram saudados ou demonizados: possibilitariam a democratização da informação e trariam o progresso, ou se revelavam instrumentos poderosos e infalíveis para dominar e alienar (embrutecer) as pessoas. Porém, na maior parte das análises eles se tornavam invisíveis – instrumentos neutros que poderiam ser usados para o bem ou para o mal.

Apenas no final do século XX, a partir da década de 1990, quando o computador e a tecnologia digital explodiram no mundo, propiciando mudanças que revolucionaram as práticas comunicativas, a vertente tecnológica e o estudo dos *media* conheceu um verdadeiro desenvolvimento e "fez escola".

No entanto, dois precursores devem ser lembrados aqui: Marshall McLuhan (da Escola de Toronto) e, trinta anos antes dele, Walter Benjamin (próximo à Escola de Frankfurt).

McLuhan: mago ou visionário?

O aparecimento das primeiras obras de McLuhan (1911-1980), nos anos 1960,[2] provocou grande sensação e suscitou tanto entusiasmo como críticas devastadoras. Ele nasceu no Canadá, em Alberta, e fez seus primeiros estudos na Universidade de Manitoba. Foi depois para a Inglaterra, e desenvolveu sua pós-graduação em Cambridge, onde foi aluno de Raymond Leavis (e recebeu influência do New Criticism).[3] De volta, foi professor de inglês e depois ingressou na Universidade de Toronto, onde trabalhou no Centro de Cultura e Tecnologia. Com Edmund Carpenter e outros colegas – entre os quais Harold Innis,[4] que exerceu grande

---

[2] Embora já houvesse publicado outras obras anteriormente, foi a publicação de *Understanding Media: The Extensions of Man*, em 1964, que causou grande repercussão e colocou seu autor em destaque.

[3] Uma descontraída biografia de McLuhan foi escrita por Douglas Coupland (*Marshall McLuhan: You Know Nothing of my Work!*).

[4] Para vários comentadores, Innis (1894-1952) é o verdadeiro precursor dos estudos centrados no papel dos meios; conforme Pereira (2011, p. 19), "Harold Innis, dentro dessa escola, foi o primeiro a observar como as tecnologias da comunicação parecem

influência sobre ele – desenvolveu a "Escola de Teoria da Comunicação de Toronto". Lecionou nos Estados Unidos; foi professor de Humanidades na Fordham University (Nova York) e na Universidade de Dallas. Também trabalhou como consultor em grandes corporações, como a International Business Machines (IBM).

Sua grande contribuição foi a ênfase e a leitura do impacto das tecnologias comunicacionais. Desenvolveu teses arrojadas e antecipou o mundo da *world wide web*, com sua tese da "aldeia global":

> Depois de três mil anos de explosão especializada, de especialização e alienação crescentes nas extensões tecnológicas de nosso corpo, nosso mundo tornou-se compressivo por uma dramática reversão. Eletricamente contraído, o globo já não é mais que uma vila (MCLUHAN, 1974, p. 19).

Em seu livro *Understanding Media (Os meios de comunicação como extensões do homem)*, ele explora a ideia das tecnologias como extensões do corpo humano: "Toda extensão é uma amplificação de um órgão, de um sentido ou de uma função que inspira ao sistema nervoso central um gesto autoprotetor de entorpecimento da área prolongada" (MCLUHAN, 1974, p. 197). Se a ideia da extensão não é nova (a roda como extensão do pé, a pá como extensão da mão já foi dito, por exemplo, por Karl Marx), para McLuhan, através dos meios elétricos, é o sistema nervoso que se expande, numa dinâmica em que todas as tecnologias anteriores se convertem em sistemas de informação. "Com uma diferença, porém: as tecnologias anteriores eram parciais e fragmentárias, a elétrica é total e inclusiva" (p. 77). Para o autor, os meios elétricos "tendem a criar uma espécie de interdependência orgânica entre todas as instituições da sociedade" (p. 277), alterando o próprio modo de ser da sociedade.

---

possuir tendências que acabam por emprestar certas características a determinadas culturas". Tendo ficado completamente invisível por décadas, começa a ser redescoberto. Seu livro, *O viés da comunicação*, foi traduzido no Brasil em 2011.

É essa concepção, de que os meios não apenas estabelecem novas formas de se comunicar, mas afetam e modificam o ser humano, sua forma de se ver e se relacionar, que leva McLuhan a estabelecer uma organização da história da humanidade em decorrência da presença das tecnologias de comunicação. A evolução social humana teria se dado em três etapas: cultura oral, cultura escrita ou tipográfica, cultura eletrônica.[5]

A primeira etapa, oralidade (ou pré-escrita), se refere às sociedades tribais, com ênfase na vivência grupal, no coletivismo. O órgão predominante nessa fase é a orelha (sociedade acústica). A cultura oral favorece a proximidade e o partilhamento; tem forte componente emocional, estimula a criatividade; é volátil, e se perpetua através da memória coletiva.

A era tipográfica ou visual, com predomínio da vista, vem modificar totalmente esse cenário; a escrita e a expansão do processo de alfabetização determinam a consciência linear, a fragmentação das tarefas cognitivas (a oralidade é holista), favorecem o individualismo. Também vai possibilitar a constituição dos estados nacionais, o desenvolvimento da ciência e a Revolução Industrial, a fixação da memória em meios externos, a democratização da instrução, a formação de um público laico.

Ou seja, a era Gutenberg (inaugurada com a invenção da imprensa) traz condicionamentos individuais e coletivos. Psicologicamente, o livro impresso, como extensão da faculdade visual, intensificou a perspectiva e o ponto de vista fixo; trouxe a ilusão da perspectiva e a ilusão de que o espaço é visual, uniforme e contínuo. Trouxe também o "dom [...] do desligamento e do não envolvimento – o poder de agir sem reagir" (p. 198). As modificações psicológicas propiciaram dinâmicas revolucionárias no mundo ocidental:

---

[5] A segunda etapa por vezes se divide em duas – a invenção da escrita e do alfabeto fonético, (na Mesopotâmia, por volta do século VI a.C.); a invenção da prensa de tipos móveis (era Gutenberg, século XV) – esta sim, decisiva, inaugurando a "era mecânica".

> Socialmente, a extensão tipográfica do homem trouxe o nacionalismo, o industrialismo, os mercados de massa, a alfabetização e a educação universais. A imprensa apresentou uma imagem de precisão repetitiva que inspirou formas totalmente novas de expansão das energias sociais. [...] O mesmo espírito de iniciativa privada que encorajou autores e artistas a cultivar sua expressão particular, levou outros homens à criação de gigantescas corporações, tanto militares como comerciais (MCLUHAN, 1974, p. 197-198).

A terceira etapa, inaugurada pela eletricidade, traz a instantaneidade, a reaproximação social, o apelo à sensibilidade e a integração sensorial. "Na era eletrônica que sucede à era tipográfica e mecânica dos últimos quinhentos anos, encontramos, com efeito, novos modelos e estruturas de interdependência humana e de expressão que são 'orais' na forma, mesmo quando os componentes da situação sejam possivelmente não-verbais" (MCLUHAN, 1972, p. 19), nos diz o autor no clássico *A galáxia de Gutenberg*. A revolução elétrica, que se inicia com o telégrafo, promove um retorno à palavra falada, restaura o domínio da sinestesia, reaproxima os seres humanos numa nova aldeia que agora tem a extensão do planeta. Em contraposição às outras fases, que privilegiaram um ou outro sentido, na era da eletricidade é o próprio sistema nervoso central que é estendido, num "abraço global".

Em sua extensa obra, McLuhan tanto explora as características dessa nova era como ressalta as distinções entre os novos meios (o rádio, a televisão, o cinema); cada um deles ativa diferentemente seus usuários, provocando efeitos específicos. Seus exemplos são múltiplos; ele se reporta à disputa eleitoral Nixon-Kennedy, em 1960, destacando a supremacia de Nixon frente aos ouvintes de rádio – e como a televisão lhe foi fatal (1974, p. 336); afirma que "Hitler só teve existência política graças ao rádio e aos sistemas de dirigir-se ao público" (p. 337). Identifica uma força nova que impele os jovens rumo à experiência religiosa, no estímulo à participação em profundidade e na valorização dos rituais e dos papéis: "A revivescência litúrgica da era do rádio e da TV afeta até as mais austeras seitas protestantes. O canto coral e as roupagens ricas começaram a aparecer em todos os bairros. O movimento ecumênico é sinônimo da tecnologia elétrica" (p. 361). E explica o declínio (é isto que ele diz – embora possamos questionar a ideia desse declínio) de estrelas do cinema, como Rita Hayworth e Marilyn Monroe, pelo advento da era da televisão (p. 360).

Ao fazer a distinção entre os meios, desenvolve sua tese mais polêmica (e pouco sustentada), que foi a classificação das tecnologias em meios quentes e frios conforme a natureza de seu impacto na organização perceptual humana. De acordo essa divisão, o rádio, que satura um sentido isolado (a audição), é quente, pois exige uma participação mínima do ouvinte na percepção da mensagem. O cinema também é quente. Já a televisão seria o protótipo do meio frio – incompleta, ela exige esforço e participação do telespectador na compreensão da mensagem.[6]

Para além da ousadia e da incipiência de algumas de suas teses (McLuhan explorava tiradas bombásticas e gostava de chamar a atenção, tendo sido um autor midiático em seu tempo – o que também lhe valeu muitas críticas), sua grande contribuição está em sua máxima "o meio é a mensagem", que afirma: "a mensagem de qualquer meio ou tecnologia é a mudança de escala, ritmo ou padrão que esse meio ou tecnologia introduz no cotidiano dos homens" (MCLUHAN, 1980, p. 429).

Aparentemente contraditória, a afirmativa sinaliza um aspecto presente e totalmente aceito nas discussões contemporâneas, que são as afetações e a atuação do meio na configuração dos sentidos e da relação que se estabelece entre os interlocutores. Ou seja, os meios (também) respondem por aquilo que é dito e em como é dito. Longe de serem apenas um "condutor", os meios atuam fortemente no processo comunicativo. A afirmação mcluhaniana, no entanto, mais do que resgatar esse aspecto

---

[6] Uma crítica dessa tese é desenvolvida por Gabriel Cohn, no texto *O meio é a mensagem: análise de McLuhan* (1978).

negligenciado pelas demais teorias, eleva-o à condição de determinação – de onde a crítica a seu determinismo tecnológico.

Na perspectiva do autor, não é o conteúdo transmitido por um meio que responde pelo impacto que ele vai exercer em determinada sociedade, mas a sua presença; não é na qualidade de transmissores que eles exercem a sua força, mas pela maneira como modificam os indivíduos e suas relações. "Os efeitos da tecnologia não são sentidos ao nível das opiniões e dos conceitos, mas alteram índices sensoriais e padrões de percepção de maneira constante, sem encontrar qualquer resistência" (1980, p. 438). Nesse sentido, ele registra exemplos diversos (e curiosos), como o caso de um africano que se empenhava todas as noites para escutar o noticiário radiofônico da BBC, "ainda que não pudesse entender patavina do que era dito" (p. 439). E se opõe firmemente às posições que defendem uma neutralidade da técnica, afirmando que os meios não são bons ou maus em si, mas em função daquilo que transmitem. Para McLuhan, tal posição seria prova de "sonambulismo acadêmico", algo tão inócuo quanto dizer "uma torta de maçã *per se* não é nem ruim nem boa; é o modo como é empregada que determina o seu valor" (p. 431).

Esse exagero lhe valeu uma forte oposição de autores que apontaram equívocos em suas citações históricas e literárias, incongruências conceituais e mesmo um caráter ideológico. Para Sydney Finkelstein, no livro oportunamente intitulado *McLuhan: a filosofia da insensatez*,

> Ao interpretar seus exemplos históricos, McLuhan subtrai e menospreza toda atividade criativa do trabalho humano na transformação do mundo, [...]. Ele não está interessado no aperfeiçoamento de ser humano, no crescente desenvolvimento e consciência dos poderes humanos e potencialidades, a crescente capacidade para inventar mudanças e executá-las. Ao invés, ele dá realce a uma espécie de "impacto" das técnicas, ou o que ele chama "comunicações". Como essas técnicas apareceram, não lhe interessa (Finkelstein, 1969, p. 25-26).

Numa época em que outras correntes teóricas desenvolviam uma forte crítica ao imperialismo americano no terreno da cultura e da comunicação, foi também apontada pelos críticos a conveniência de "inocentar" e desviar a atenção do conteúdo em nome da proeminência da técnica; também a substituição do tratamento de um fenômeno (a ação dos meios) que diz respeito à formação da consciência social "por aquele dos mecanismos de percepção individual", registra Gabriel Cohn (1978, p. 370).

É ainda o eminente sociólogo brasileiro que conclui:

> Aqui, finalmente, atingimos o núcleo mesmo do fascínio que a obra de McLuhan exerce sobre um público como o norte-americano. Efetivamente, por detrás da construção obscura das suas obras, McLuhan compôs uma "utopia tecnológica", que retoma e articula os temas mais íntimos da mentalidade de uma nação cuja grandeza tende a se confundir com o domínio da técnica, e que vê o seu destino como aquele do mundo todo (COHN, 1978, p. 368).

Walter Benjamin

Uma rápida menção a Walter Benjamin foi feita no capítulo 4, na apresentação dos intelectuais que se agruparam em torno do Instituto de Pesquisa Social de Frankfurt. Amigo pessoal de alguns de seus membros, ele publicou artigos na *Revista de Pesquisa Social*, do Instituto, e debateu, em correspondência com eles, questões estéticas e filosóficas, bem como o cenário cultural de seu entorno. No entanto, sua obra e sua importante contribuição (recuperada e muito valorizada em décadas recentes) não se enquadra nos marcos da Teoria Crítica da Escola de Frankfurt. Seu estilo ensaísta, seu pensamento marcado pela ambivalência, pela atenção e sensibilidade ao particular em articulações complexas com o geral, sua postura antinormativa marcaram a singularidade de sua obra e seu afastamento de qualquer "escola".

Tampouco ele é um pensador da técnica, e também aqui o tratamento do autor será breve – não obstante sua importância para o pensamento comunicacional, para a reflexão sobre a cultura e a modernidade. Sua inserção se faz necessária neste tópico em função da natureza vanguardista do texto clássico *A obra de arte na era de sua reprodutibilidade técnica*, publicado em 1936, em que ele antecipa exatamente o papel da técnica na conformação da percepção e nos processos de recepção/apreensão de uma obra.

Propondo-se a fazer uma análise da arte nos marcos do materialismo histórico (da análise marxista do modo de produção capitalista), Benjamin desenvolve alguns prognósticos das "tendências evolutivas da arte dentro das condições atuais de produção"; apresenta-os como "teses combativas" e "utilizáveis no sentido de formular as exigências revolucionárias da política da arte" (BENJAMIN, 1975, p. 11).

O propósito aqui não é explorar a extrema riqueza desse texto (de cuja leitura o estudioso da comunicação não pode prescindir), mas resgatar os *insights* que antecipam as reflexões contemporâneas sobre o papel da técnica. Através de uma comparação entre a obra de arte tradicional e as modernas técnicas de reprodução de seu tempo (ele se refere primordialmente à fotografia e ao cinema), Benjamin acentua diferenças marcantes que não se limitam aos materiais e às técnicas em si, mas se estendem ao modo de apreensão, à fruição e valor de uso, ao tipo de relação que se estabelece entre o produto (obra) e o sujeito que o apreende.

A obra de arte clássica, ele registra, era marcada pela presença da "aura". Este é um conceito central em sua reflexão e diz de uma relação de respeito e distanciamento na apreensão de um determinado objeto (que tanto pode ser uma obra de arte como um objeto natural):

> É aos objetos históricos que aplicaríamos mais amplamente essa noção de *aura*, porém para melhor elucidação, seria necessário considerar a *aura* de um objeto natural. Poder-se-ia defini-la como a única aparição de uma realidade longínqua, por mais próxima que esteja. Num fim de tarde de verão, caso se

siga com os olhos uma linha de montanhas ao longo do horizonte ou a de um galho, cuja sombra pousa sobre o nosso estado contemplativo, sente-se a *aura* dessas montanhas, desse galho (BENJAMIN, 1975, p. 15, grifos do autor).

A obra de arte tradicional (escultura, pintura) era uma obra única; ainda que fosse copiada por outros, nenhuma cópia manteria a autoridade da original. Ela era aquela que foi feita e mantém sua existência num determinado lugar; "à mais perfeita reprodução falta sempre algo: o *hic et nunc* da obra de arte, a unidade de sua presença no próprio local onde se encontra" (p. 13). Essa unicidade da obra lhe confere a sua autenticidade, por sua vez atribuidora de sua autoridade: ela é única, ela é autêntica, ela inspira respeito. Daí sua aura. Vemos assim que aura não é um atributo intrínseco (algo que um objeto detém – e outros não), mas diz de uma relação que se estabelece entre um objeto e um sujeito, uma relação de respeito, que pode se dar inclusive à distância (é longínqua, por mais próxima que esteja); ela indica a reverência com a qual ele é apreendido/apreciado. Esse objeto distante não se oferece enquanto objeto de consumo, mas de culto.

Essas seriam então, conforme Benjamin, as características que marcam a natureza e fruição da obra de arte tradicional: unicidade, autenticidade, autoridade, valor de culto.

As novas condições criadas pelas técnicas de reprodução, bem como a presença das massas na sociedade contemporânea (esse momento histórico particular: novas técnicas e materiais estão presentes, a configuração sociopolítica da sociedade é outra) vêm possibilitar novos produtos, novos usos, novas relações a se estabelecer com eles.

As técnicas de reprodução eliminam a unicidade, o *hic et nunc* da obra: não existe a 'cópia original' de um filme, de uma fotografia, à qual se prestar culto. Ao mesmo tempo, diz Benjamin, as massas, que desempenham um papel crescente na vida presente, "exigem, de um lado, que as coisas se lhe tornem, tanto humana como espacialmente, 'mais próximas', de outro lado, acolhendo as reproduções, tendem a depreciar o caráter daquilo que é dado apenas uma vez" (1975, p. 15). Ou seja, as técnicas de reprodução vão ao encontro das tendências e necessidades da sociedade contemporânea, que cobra proximidade, imediaticidade e estabelece com os produtos uma relação de consumo. A obra deve estar próxima, presente, se tornar uma realidade palpável e exibível. O valor de culto é substituído pelo valor de exibição.

Benjamin destaca "o fato verdadeiramente decisivo" que vemos aparecer pela primeira vez na história da humanidade:

> a emancipação da obra de arte com relação à existência parasitária que lhe era imposta pelo seu papel ritualístico. Reproduzem-se cada vez mais obras de arte, que foram feitas justamente para serem reproduzidas. Da chapa fotográfica pode-se tirar um grande número de provas[7]; seria absurdo indagar qual delas é a autêntica. Mas, desde que o critério de autenticidade não é mais aplicável à produção artística, toda a função da arte fica subvertida. Em lugar de se basear sobre o ritual, ela se funda, doravante, sobre uma outra forma de *praxis*: a política (BENJAMIN, 1975, p. 17).

A natureza política dessa práxis diz respeito à emancipação não apenas da obra, mas também das massas, que desenvolvem novas atitudes com relação à arte, quebram a separação entre crítica e fruição,[8] entre diversão e concentração[9] e substituem

---

[7] E o que dizer hoje da imagem digital?

[8] "No cinema, o público não separa a crítica da fruição. Mais do que em qualquer outra parte, o elemento decisivo aqui é que as reações individuais, cujo conjunto constitui a reação maciça do público, ficam determinadas desde o começo pela virtualidade imediata de seu caráter coletivo. Ao mesmo tempo que se manifestam, essas reações se controlam mutuamente" (BENJAMIN, 1975, p. 27).

[9] "A fim de traduzir a oposição entre diversão e concentração, poder-se-ia dizer isto: aquele que se concentra diante de uma obra de arte, mergulha dentro dela, penetra-a como aquele pintor chinês cuja lenda narra haver-se perdido dentro da paisagem que acabara de pintar. Pelo contrário, no caso da diversão, é a obra de arte que penetra na massa. Nada de mais significativo com relação a isso do que um edifício. Em todos os tempos, a arquitetura nos apresentou modelos de obra de arte que só são acolhidos pela diversão coletiva. *As leis de tal acolhida são das mais ricas em ensinamentos*" (BENJAMIN, 1975, p. 32, grifos nossos).

(ou alternam) a recepção individual pela coletiva. Em claro contraste com a recepção de uma obra de arte clássica, o acesso aos produtos na era da reprodução deixa de ser restrito e seletivo: "Ora, é exatamente contrário à própria essência da pintura que ela possa se oferecer a uma receptividade coletiva, como sempre foi o caso da arquitetura e, durante algum tempo, da poesia épica, e como é o caso atual do cinema" (p. 27). A recepção coletiva, acentua Benjamin, possibilita controle mútuo, traz ensinamentos novos. As técnicas de reprodução configuram a nova arte na era das massas.

Como último ponto na leitura desse texto, e não menos importante, devemos registrar um outro aspecto, para além da nova natureza dos produtos e da reconfiguração das relações que eles estabelecem com seu público. É que as novas técnicas modificam também nosso acesso à realidade[10]: "alargando o mundo dos objetos dos quais tomamos conhecimento, tanto no sentido visual como no auditivo, o cinema acarretou, em consequência, um aprofundamento da percepção"; ele possibilitou "enxergar melhor as necessidades dominantes sobre nossa vida", ele "abre imenso campo de ação do qual não suspeitávamos" (p. 28).

As técnicas cinematográficas (a abertura ou fechamento de planos, a visualização de detalhes, a contração/alargamento do tempo) nos permitem perceber aquilo que nosso equipamento corporal não poderia, por si só, apreender. "A natureza que fala à câmara", ele nos diz, "é completamente diversa da que fala aos olhos, mormente porque ela substitui o espaço onde o homem age conscientemente por um outro onde sua ação é inconsciente" (p. 28). E complementa seu raciocínio com um forte exemplo imagético:

> Se é banal analisar, pelo menos globalmente, a maneira de andar dos homens, nada se sabe com certeza de seu estar durante a fração de segundo em

---

[10] E aqui vale lembrar e insistir: Benjamin não conheceu a televisão; menos ainda podia antever a era digital.

> que estica o passo. Conhecemos em bruto o gesto que fazemos para apanhar um fuzil ou uma colher, mas ignoramos quase todo o jogo que se desenrola realmente entre a mão e o metal, e com mais forte razão ainda devido às alterações introduzidas nesses gestos pelas flutuações de nossos diversos estados de espírito (p. 29).

Benjamin pontua: a câmera nos abre a experiência do inconsciente visual. Ela também pode ajudar a penetrar no invisível da cultura, complementamos.

Concluindo, ressaltamos que este breve percurso no texto benjaminiano buscou não apenas resgatar o vanguardismo de sua percepção, mas também a atualidade de sua contribuição.

Conclusão

Fechando este percurso, fazemos uma breve revisão do panorama traçado, no sentido de melhor identificar o que temos em mãos. Encontramos importantes matrizes teóricas, que constituíram os fundamentos dos inúmeros estudos desenvolvidos ao longo do século XX e que deram sustentação aos novos desdobramentos que ocorreram nos últimos anos. *Teorias* se referem a conjuntos organizados de ideias sobre a realidade ou algum aspecto dela; as teorias da comunicação dizem respeito à elaboração de certas ideias, formuladas em enunciados, que conformam uma dada compreensão da prática comunicativa no mundo. Uma teoria organiza essa compreensão com o uso de *conceitos* – ideias mais precisas de algo (alguma coisa, alguma prática), que sistematizam a maneira de conceber essa coisa.[1] Os conceitos dão contorno aos objetos e em certa medida criam sua existência (eles passam a existir dentro daquela concepção).

Vimos assim, em cada escola, conjuntos de pensamentos e ideias específicas – teorias – que conformam a maneira como cada uma apreende a comunicação e sua inserção na sociedade. A escola

---

[1] "Conceito" vem do latim *conceptus*, do verbo *concipere*, que significa "conter completamente", "formar dentro de si". É uma ideia ou noção concebida pela mente, criando uma representação abstrata de uma realidade (uma coisa da realidade).

funcionalista americana desenvolveu sobretudo uma teoria dos efeitos dos meios de comunicação, que compreende desde a ideia dos efeitos diretos (agulha hipodérmica) até os efeitos limitados, desdobrando-se, mais contemporaneamente, entre outras, na teoria do agendamento. Ela se apoia em alguns conceitos importantes, como o de *two-step flow* na teoria dos efeitos limitados. Encontramos também uma teoria que trata das funções da comunicação, bem como uma teoria para explicar o desenvolvimento do meio rural (e países subdesenvolvidos) através da comunicação.

O Interacionismo Simbólico, por sua vez, substitui a perspectiva dos efeitos pela circularidade trazida pelo conceito de interações, e se volta mais especificamente para as dinâmicas e relações que se desenvolvem no cotidiano e sedimentam a vida social. Trata-se de uma teoria (uma abordagem teórica) centrada nas práticas e interações, com forte ênfase na natureza simbólica (comunicacional) dessas interações. Não se trata, portanto, de uma teoria que faz uma leitura da comunicação na sociedade como um todo, mas que orienta leituras pontuais, levando-nos a compreender a dinâmica comunicacional mais ampla enquanto um aglomerado (conflitual) de pequenas interações.

A Escola de Frankfurt desenvolveu um corpo teórico denso e vasto, conhecido como Teoria Crítica; são ideias, pensamentos filosóficos que fazem a crítica da ideologia (da superestrutura ideacional) da sociedade industrial avançada. Essa teoria permite analisar vários aspectos da sociedade capitalista; no que concerne aos meios, o conceito de indústria cultural constitui, sem dúvida, sua pedra angular. Essa visada teórica apresenta uma explicação global da presença e uso dos meios de comunicação na sociedade, a serviço da dominação e da alienação.

Edgar Morin dá contornos próprios a uma teoria da cultura de massa, fazendo um uso interessante dos conceitos de padronização, inovação, sincretismo, "homem médio universal", olimpianos, entre outros. Seu conceito de cultura de massa contrasta vivamente com o conceito de indústria cultural.

Os Estudos Culturais constituem um corpo heterogêneo de teorias (convocam e fazem dialogar diferentes teorias), que têm como núcleo central a abordagem do fenômeno comunicacional através da perspectiva da cultura. Porém, tanto cultura como meios de comunicação são vistos e tratados de uma maneira que difere tanto da concepção de cultura dos filósofos da Teoria Crítica como do viés através do qual Edgar Morin (e outros teóricos dessa linha) explicaram a cultura de massa. Pensar a produção midiática inserida na dinâmica da vida social constitui a particularidade desse campo teórico, que teve origem na Inglaterra (Universidade de Birmingham).

Na América Latina, nos anos 1970, a teoria do Imperialismo Cultural pensava a ação dos meios de massa inserida na lógica da dominação da sociedade capitalista; do final dos anos 1980 em diante, a cultura é pensada muito mais pelo ângulo da mestiçagem, das múltiplas mediações (teoria das mediações, conceito de "sociedade híbrida").

Também Marshall McLuhan tinha uma teoria sobre a sociedade a partir da tecnologia comunicacional; uma teoria que acumulou vários pontos cegos, mas suficientemente vigorosa para indicar um viés novo e instigante de análise tomando como referência a centralidade dos meios técnicos de comunicar. Quanto a Walter Benjamin, ele se tornou uma referência ainda mais forte nas últimas décadas, um pensador clássico permanentemente atual.

Temos aí matrizes importantes, e alguns de seus fundamentos vão ser reencontrados em teorias contemporâneas. Mesmo que, na sua versão original, algumas tenham sido ultrapassadas e abandonadas, elas deram subsídios e produziram pensamentos que mantêm seu valor explicativo até nossos dias (por exemplo, a ideia da submissão dos produtos culturais à lógica do mercado enunciada pelo conceito de indústria cultural; a incidência dos meios tecnológicos na conformação das interações comunicativas, etc.).

Porém, uma palavra final, e necessária, diz respeito à concepção mesma de comunicação, àquilo que, no primeiro capítulo, indicamos como seu *paradigma*. Como vimos acima, as teorias são diversas; qual é ou quais são as concepções de comunicação (modelos comunicativos) que subjazem às diferentes leituras? Na verdade, o paradigma dominante, que perdurou por mais de 50 anos, é de fato o modelo transmissivo – a simples e naturalizada concepção de que a comunicação se resume a *um polo que emite, uma mensagem que é transmitida, um polo que recebe e reage*. Essa concepção, que separa e distingue um emissor e um receptor e lhes dá uma localização e um papel diferentes e definidos, pode ser vista na teoria dos efeitos, na teoria do imperialismo cultural, no conceito de indústria cultural. Pode ser identificada até mesmo na teoria tecnicista de McLuhan, onde indivíduos "sofrem" a ação dos meios, são conformados por eles.

Porém, em algumas teorias, essa concepção começa a ser embaralhada. Já em Edgar Morin, ao identificar as características que marcam as instâncias produtoras e receptoras da cultura de massa, o modelo linear transmissivo se mostra inadequado (não se encaixa), pois o autor percebe nessa dinâmica o confronto de duas lógicas – da produção e do consumo. Ele destaca também a atuação de duas forças – repetição e inventividade, em função das contradições que tanto permeiam a esfera da produção (no seio dos "criadores") como resultam do embate com os diferentes públicos. Assim, o desenho da comunicação se apresenta mais circular, menos sincronizado.

Nos Estudos Culturais, a imersão da mídia no âmbito da vida social embaralha ainda mais o velho conceito de comunicação, que se vê explicitamente contestado: não há simetria entre a esfera da codificação (produção) e decodificação (público), pois eles não partilham a mesma experiência, não necessariamente detêm competências iguais. A perspectiva mesma que leva os estudiosos dessa abordagem aos estudos de recepção está assentada numa visão que não é de investigar efeitos, mas resistências, usos, formas de apropriação, pois a comunicação aí é pensada na forma de uma negociação tensa, quando não de confronto.

Essa perspectiva se reflete nos estudos latino-americanos mais recentes (desde as últimas décadas do século XX) que, enfatizando as mediações, mostram que a relação entre a mídia e seu público não é nem direta nem linear, mas atravessada por várias instâncias.

As análises desenvolvidas com o apoio desses campos teóricos vieram mostrar que a concepção simples e linear do processo comunicativo realmente estava muito aquém de sua complexidade, ou seja, comunicação é muito mais do que uma transmissão de um para outro. Manter essa concepção é simplificar e empobrecer nosso conhecimento (ou promover um "desconhecimento", como enfatizava a crítica dos estudos latino-americanos nos anos 1970), e é a matriz das interações (de G.H. Mead) que vem instruir um outro modelo ou paradigma – o relacional.

E o que é o *paradigma relacional*? À primeira vista, a mudança não é tão grande. Os ingredientes são praticamente os mesmos – temos emissores, receptores, meios, mensagens. É a lógica com que esses elementos são pensados e dentro das quais se inserem que difere: inicialmente, não se trata de uma relação única (do emissor para o receptor), mas de uma dinâmica relacional múltipla – entre interlocutores, com o simbólico (linguagem), com o contexto, com os dispositivos. O papel e o lugar desses elementos também variam: não existe um emissor, mas o trabalho de produzir e emitir, que não é exclusivo de um polo; também cada elemento não está ali cumprindo uma única função (tipo: o receptor recebe; o meio veicula), mas várias, a serem identificadas em cada situação, e assim por diante. Também não se trata de uma relação definida (uma relação transmissiva e causal, x influindo em y), mas relações que se cruzam em todos os sentidos e podem adquirir conformações e conteúdos diversos. Essa compreensão torna a análise mais difícil – pois se trata da atenção e do acolhimento da complexidade, da globalidade e da variabilidade do processo. Assim, a troca de paradigmas (de modelos comunicativos) altera completamente o desenho da análise a ser feito.

Para melhor compreender o papel dos paradigmas, três aspectos com relação à sua natureza devem ser destacados:

a) um paradigma é uma ideia (uma concepção) simples; ele não substitui as teorias, mas convoca-as e organiza a maneira como serão utilizadas. Ele é apenas um ponto de partida, mas um ponto de partida que orienta o desenho do trajeto analítico;

b) ele constitui um modelo analítico, e não um modelo da prática. Trata-se de um modelo que será usado pelo pesquisador para olhar para as diferentes ações comunicativas – e não pode se confundir com o formato desta ou daquela prática que ele irá analisar. Esta pode se dar dentro de formatos (modelos) diferentes; pode ser vertical e autoritária, pode ser horizontal, com alternância de falas, e assim por diante. Independente disso, e justamente para identificar o formato e a natureza da prática comunicativa investigada, o pesquisador dispõe de seu modelo de análise – que pode ser mais ou menos sensível e capaz de apreender as características do fenômeno analisado;

c) o paradigma não precisa ser enunciado explicitamente, e por vezes ele é inclusive invisível. É olhando para a análise desenvolvida em determinado estudo que poderemos perceber o paradigma comunicacional que orientou o trabalho do pesquisador (a concepção de comunicação que move a sua leitura).

Assim, pudemos perceber que, no panorama das diferentes teorias, o paradigma transmissivo (ou informacional), presente nos primeiros e em grande parte dos estudos, veio sofrendo críticas e revelando sua insuficiência. Um novo paradigma – que chamamos relacional – vem sendo desenhado, um paradigma que até então não é consensual (não é partilhado por todos) e não alcançou ainda uma boa formulação.

Com esta observação, encerramos nosso percurso; tratamos de conhecimentos básicos sobre a comunicação, que – esperamos! – capacitem nossos estudantes para saltos mais ambiciosos, em direção ao debate e à reflexão em torno das novas teorias que povoam o cenário acadêmico da área nesse início do século XXI.

Posfácio

É uma emoção e uma satisfação muito grandes ver a concretização deste projeto. Ao longo desses 15 anos durante os quais o livro foi escrito, estivemos sempre (eu e outros/as professores/as e alunos/as) na expectativa de sua publicação. Além disso, a história do livro acompanha a minha própria trajetória acadêmica – o que faz com que ele tenha um valor simbólico para mim também.

A minha relação com as teorias da comunicação começou quando ainda estava no terceiro período do curso de Comunicação Social na Universidade Federal de Minas Gerais (UFMG). Eu escolhera o curso de Jornalismo porque gostava de ler e escrever, como tantos/as outros/as colegas, mas não tinha nenhuma segurança nessa escolha. Naquele período do curso, em 1999, fiz a disciplina de Teorias da Comunicação com outra professora, que não mais integra o quadro de docentes do departamento. Eu gostava tanto da disciplina, dos textos e das discussões que se realizavam que, sempre que podia, assistia também às aulas que Vera França ministrava para a outra turma em horário diferente. Eu tinha feito com ela uma disciplina de metodologia (na época chamada Projeto Especial I) no semestre anterior e começava a me fascinar pelas reflexões que podíamos fazer em torno das práticas comunicativas. Essas disciplinas (entre outras que cursaria depois) me mostraram que o curso de Comunicação poderia me abrir outras portas para além da prática jornalística que, a princípio, me fizera ingressar nele.

Naquele mesmo ano, iniciei uma pesquisa de iniciação científica e me enveredei de vez para a pesquisa e, posteriormente, a docência, quando assumi a monitoria de Teorias da Comunicação em 2001. Como mencionado na introdução, foi então que gravamos e transcrevemos as aulas, ajudando Vera a construir o roteiro do curso apresentado neste livro. Essa experiência foi muito enriquecedora para nossa formação como aluno/as naquele momento e como professor/as que nos tornamos depois.

Terminada a graduação, ingressei no mestrado em Comunicação na mesma instituição. Em 2002, assumi, pela primeira vez, a disciplina de Teorias na graduação, em parceria com Vera e com Roberto Reis, então meu colega de turma no mestrado. Apesar de toda minha inexperiência em sala de aula, pude ter muita clareza do quanto a monitoria realizada anteriormente contribuiu para o início de minha experiência como professora de Teorias da Comunicação.

Concluído o mestrado em 2004, continuei trabalhando com essa disciplina, entre outras: primeiro, como professora substituta no curso da UFMG e, depois, como docente em duas instituições privadas (o Centro Universitário UNA, em Belo Horizonte, e a Universidade Vale do Rio Doce, em Governador Valadares). No meu retorno à UFMG como aluna do doutorado, em 2009, assumi novamente a disciplina como estágio docente, substituindo a então professora de Teorias, que estava de licença médica.

A minha experiência nessas instituições me colocava diariamente o desafio de sensibilizar alunos e alunas para o conhecimento científico da comunicação. Além disso, reiterava a minha certeza de que aquele curso básico de teorias da comunicação planejado anos antes precisava ser publicado. Na UFMG, durante anos, indicamos a várias turmas os textos, mas não divulgávamos para outras instituições, já que o livro não havia sido publicado. Sempre na expectativa de que sua publicação acontecesse em breve.

Quando passei a integrar o quadro permanente de docentes do Departamento de Comunicação Social da UFMG (em dezembro de 2012) e, novamente, voltei a lecionar Teorias da Comunicação, continuava na certeza de que o livro deveria ser publicado. Apesar de outros livros e manuais que saíram nos últimos anos, acreditava que nenhum deles apresentava a mesma configuração das escolas e, sobretudo, o mesmo tom claro e didático que Vera sempre teve o dom de imprimir a seus textos e a suas aulas (sua tranquilidade, sua paciência, sua generosidade, seus exemplos e seus casos contados em sala são memoráveis para muitas gerações de estudantes; hoje, como professora, sempre escuto alunos e alunas recém-chegados à universidade manifestarem sua expectativa e sua ansiedade para ter aula com Vera França).

Foi, então, o desejo de ver o livro publicado que me impulsionou a aceitar o generoso convite de Vera para contribuir na escrita de alguns dos capítulos que faltavam para concluir o livro. Encarei o desafio também como uma forma de retribuir toda a minha formação acadêmica construída ao longo desses anos sob orientação e em parceria com Vera. Posso dizer que esse livro expressa um certo modo Vera França de compreender, aprender e ensinar teorias da comunicação que eu e um grande número de colegas buscamos adotar em nossa própria prática docente. Que o livro possa enriquecer a formação humanística de nossos/as estudantes e auxiliar professores/as no desafio permanente de sensibilizá-los/as para a instigante tarefa de compreender as práticas comunicativas no mundo contemporâneo.

Paula G. Simões
Julho de 2015

Referências

ADORNO, T. A indústria cultural. In: COHN, G. (Org.). *Comunicação e indústria cultural*. São Paulo: Ed. Nacional, 1978.

ADORNO, T.; HORKHEIMER, M. A indústria cultural. O iluminismo como mistificação de massas. In: COSTA LIMA, L. (Org.). *Teoria da Cultura de Massa*. 3. ed. Rio de Janeiro: Paz e Terra, 1990.

ADORNO, T. O fetichismo na música e a regressão da audição. In: *Benjamin, Habermas, Horkheimer, Adorno*. São Paulo: Abril, 1975. (Coleção Os Pensadores)

ADORNO, T.; HORKHEIMER, M. *Dialética do esclarecimento*. Rio de Janeiro: Zahar, 1985.

ARRUDA, J. J. A. Apresentação. In: DOSSE, F. *História do estruturalismo*. Bauru, SP: Edusc, 2007. p. i-vii.

BARKER, M. Stuart Hall: "Controlando la crisis". In: BARKER, M.; BEEZER, A. (Org.). *Introducción a los estudios culturales*. Barcelona: Bosch Casa Editorial, 1994.

BARKER, M.; BEEZER, A. Introducción: Qué hay en um texto? In: BARKER, M.; BEEZER, A. (Org.). *Introducción a los estudios culturales*. Barcelona: Bosch Casa Editorial, 1994.

BARROS FILHO, C. *Ética na Comunicação: da informação ao receptor*. 6. ed. São Paulo: Summus, 2008.

BARTHES, R. Le centre d'études des communications de masse: Le C.E.C.MAS. *Annales. Économies, Sociétés, Civilisations*, v. 16, n. 5, 1961, p. 991-993.

BELTRÁN, L. R. Adeus a Aristóteles: comunicação horizontal. *Comunicação e Sociedade*, São Paulo: IMS, Cortez, v. 6, set. 1981, p. 5-35.

BELTRÁN, L. R.; CARDONA, E. F. *Comunicação dominada: os Estados Unidos e os meios de comunicação na América Latina*. Rio de Janeiro: Paz e Terra, 1982.

BENJAMIN, W. A obra de arte na época de suas técnicas de reprodução. In: BENJAMIN, W.; HORKEIMER, M.; ADORNO, T.; HABERMAS, J. *Textos escolhidos*. São Paulo: Abril, 1975. (Coleção Os Pensadores, v. 48)

BERGER, C. A pesquisa em comunicação na América Latina. In: HOHLFELDT, A.; MARTINO, L. C.; FRANÇA, V. V. *Teorias da Comunicação: conceitos, escolas, tendências*. Petrópolis: Vozes, 2001. p. 241-277.

BISKY, L. *Crítica de la teoría burguesa de la comunicación de masas*. Madri: Ed. de La Torre, 1982.

BLUMER, H. A massa, o público e a opinião pública. In: COHN, Gabriel (Org.). *Comunicação e indústria cultural*. São Paulo: Cia. Ed. Nacional, 1978.

BLUMER, H. A natureza do interacionismo simbólico. In: MORTENSEN, Charles (Org.). *Teoria da Comunicação: textos básicos*. São Paulo: Mosaico, 1980. p. 119-138.

BRUNSDON, C.; MORLEY, D. *Everyday Television: the "Nationwide"*. London: British Film Institute, 1978.

CANTRIL, H. La invasión desde Marte. In: MORAGAS SPA, M. (Org.). *Sociología de la comunicación de masas. II. Estructura, funciones y efectos*. Barcelona: Gustavo Gili, 1985.

CARDOSO, F. H.; FALETO, E. *Dependência e desenvolvimento na América Latina: ensaio de interpretação sociológica*. 5. ed. Rio de Janeiro: Zahar, 1979.

COHN, G. O meio é a mensagem: análise de McLuhan. In: COHN, G. (Org.). *Comunicação e indústria cultural*. São Paulo: Nacional, 1987.

COHN, G. *Sociologia da comunicação*. São Paulo: Pioneira, 1973.

COULON, A. *A Escola de Chicago*. São Paulo: Papirus, 1995.

COUPLAND, D. *Marshall McLuhan*. Québec: Boréal, 2009.

DALLA COSTA, R. M. C.; MACHADO, R. C.; SIQUEIRA, D. *Teoria da comunicação na América Latina: da herança cultural à construção de uma identidade própria*. Curitiba: Ed. da UFPR, 2006.

DEFLEUR, M.; BALL-ROKEACH, S. *Teorias da Comunicação de Massa*. Rio de Janeiro: Zahar, 1993.

DORFMAN, A.; MATTELART, A. *Para ler o Pato Donald: comunicação de massa e colonialismo*. 2. ed. Rio de Janeiro: Paz e Terra, 1978.

DOSSE, F. *História do estruturalismo*. Bauru, SP: Edusc, 2007.

DUARTE, R. *Teoria crítica da indústria cultural*. Belo Horizonte: Editora UFMG, 2003.

ECO, U. *Apocalipticos e Integrados*. São Paulo: Perspectiva, 1979.

ESCOSTEGUY, A. C. Estudos culturais: uma introdução. In: SILVA, T. T. (Org.). *O que é, afinal, estudos culturais?* Belo Horizonte: Autêntica, 2000. p. 133-166.

FERNANDES, F. *Elementos de sociologia teórica*. 2. ed. São Paulo: Nacional, 1974.

FINKELSTEIN, S. *McLuhan: a filosofia da insensatez*. Rio de Janeiro: Paz e Terra, 1969.

FRANÇA, V. R. V. *Comunicação e incomunicação no desenvolvimento de pequenos agricultores*. 1978. 201f. Dissertação (Mestrado em Comunicação), UnB, Brasília, 1978.

FREIRE, P. *Educação como prática da liberdade*. 3. ed. Rio de Janeiro: Paz e Terra, 1971.

FREIRE, P. *Comunicação ou extensão?* Rio de Janeiro: Paz e Terra, 1977.

GARCÍA CANCLINI, N. *Culturas híbridas: estratégias para entrar e sair da modernidade*. São Paulo: EDUSP, 2013.

GOFFMAN, E. *A representação do eu na vida cotidiana*. 7. ed. Petrópolis: Vozes, 1996.

GOFFMAN, E. Organizado por Y. Winkin. *Os momentos e os seus homens*. Lisboa: Relógio d'água, 1999.

GOMES, I. *Efeito e recepção: a interpretação do processo receptivo em duas tradições de investigação sobre os media*. Rio de Janeiro: E-Papers, 2004.

GOULDNER, A. W. *La dialéctica de la ideologia y la tecnologia*. Madri: Alianza Editorial, 1976. p. 156-179.

GRAFMEYER, Y.; JOSEPH, Isaac (Orgs.). *L'École de Chicago: Naissance de l'écologie urbaine*. Paris: Flammarion, 2004.

HAGUETTE, T. M. F. *Metodologias qualitativas na Sociologia*. 9. ed. Petrópolis: Vozes, 2003.

HALL, S. Codificação/Decodificação. In: _____. *Da diáspora: identidades e mediações culturais*. Belo Horizonte: Ed. UFMG, 2003a. p. 387-404.

HALL, S. Estudos culturais e seu legado teórico. In: _____. *Da diáspora: identidades e mediações culturais*. Belo Horizonte: Ed. UFMG, 2003b. p. 199-218.

HALL, S. Estudos culturais: dois paradigmas. In: _____. *Da diáspora: identidades e mediações culturais*. Belo Horizonte: Ed. UFMG, 2003c. p. 199-218.

HALL, S. Reflexões sobre o modelo codificação/decodificação: uma entrevista com Stuart Hall. In: _____. *Da diáspora: identidades e mediações culturais*. Belo Horizonte: Ed. UFMG, 2003d. p. 353-386.

HALL, S. O papel dos programas culturais na televisão britânica. In: MORIN, E. *et al*. *Cultura e comunicação de massa*. Rio de Janeiro: Fundação Getúlio Vargas, 1972.

HERSCOVITZ, H. A pesquisa em Comunicação na América Latina: desafios nos anos 90. *Comunicação e Sociedade*, São Bernardo do Campo, n. 23, jan. 1995.

HERZ, D. *A história secreta da Rede Globo*. 9. ed. Porto Alegre: Tchê! Ed., [s.d.].

HOVLAND, C. Os efeitos da comunicação. In: STEINBERG, Charles. *Meios de comunicação de massa*. São Paulo: Cultrix, 1970.

INNIS, H. *O viés da Comunicação*. Petrópolis: Vozes, 2011.

JACKS, N. *Querência: cultura regional como mediação simbólica*. Porto Alegre: Ed. UFRGS, 1999.

JACKS, N. (Coord.). *Meios e audiências: a emergência dos estudos de recepção no Brasil*. Porto Alegre: Sulina, 2008.

JOAS, H. Interacionismo simbólico. In: GIDDENS, A.; TURNER, J. (Orgs,). *Teoria social hoje*. São Paulo: Ed. UNESP, 1999.

KATZ, E; BLUMLER, J. G.; GUREVITCH, M. Usos y gratificaciones de la comunicación de masas. In: MORAGAS, M. (Org.). *Sociologia de la comunicación de masas. II. Estructura, funciones y efectos*. Barcelona: Gustavo Gili, 1985. p. 127-195.

KAYSER, J. *El Diario Francés*. Barcelona: ATE, 1974.

KELLNER, D. *A cultura da mídia. Estudos Culturais: identidade e política entre o moderno e o pós-moderno*. Bauru, SP: EDUSC, 2001.

KLAPPER, J. Os efeitos da comunicação de massa. In: COHN, Gabriel (Org.). *Comunicação e indústria cultural*. São Paulo: Nacional, l978.

KRACAUER, S. *De Caligari a Hitler: uma história psicológica do cinema alemão*. Rio de Janeiro: Zahar, 1988

LANG, K.; LANG, G. Los mass-media y las elecciones. In: MORAGAS SPA, M. (Org.). *Sociologia de la comunicación de masas. III. Propaganda política y opinión pública*. Barcelona: Gustavo Gili, 1985.

LARUFA, F. G. *Comunicación horizontal*. Lima: Studium, 1971.

LASSELL, H. A estrutura e a função da comunicação na sociedade. In: COHN, Gabriel (Org.). *Comunicação e indústria cultural*. São Paulo: Cia. Ed. Nacional, 1978.

LAZARSFELD, P e MERTON, R. Comunicação de massa, gosto popular e ação social organizada. In: COHN, Gabriel (Org.). *Comunicação e indústria cultural*. São Paulo: Cia. Ed. Nacional, 1978.

LAZARSFELD, P. Os meios de comunicação de massa e a influência pessoal. In: SCHRAMM, W. *et al. Panorama da comunicação coletiva*. Rio de Janeiro: Fundo de Cultura, 1964.

LAZARSFELD, P; KATZ, E. *Personal Influence: The Part Played by People in the Flow of Mass Communications*. Glencoe, Illinois: Free Press, 1955.

LE BON, G. *Psychologie des foules*. 8. ed. Paris: PUF, 2006.

LERNER, D. Comunicação e as perspectivas do desenvolvimento inovador. In: LERNER, D.; SCHRAMM, W. (Org.) *Comunicação e mudança nos países em desenvolvimento*. São Paulo: Melhoramentos, Ed. da USP, 1973.

LITTLEJOHN, S. *Fundamentos teóricos da comunicação humana*. Rio de Janeiro: Zahar, 1982.

LOPES, M. I. V. Mediação e recepção: algumas conexões teóricas e metodológicas nos estudos latino-americanos de comunicação. *Matrizes*. São Paulo, v. 8, n. 1, p. 65-80, 2014.

LÖWENTHAL, L. The Triumph of Mass Idols. In: _____. *Literature and Mass Culture*. New Jersey: Transaction Publishers, 1984. p. 203-236.

MACCIOCCHI, M-A. *A favor de Gramsci*. Rio de Janeiro: Paz e Terra, 1976.

MAFFESOLI, M. *A conquista do presente*. Rio de Janeiro: Rocco, 1984.

MAFFESOLI, M. *O tempo das tribos: o declínio do individualismo nas sociedades de massa*. Rio de Janeiro: Forense-Universitária, 1987.

MAIGRET, E. *Sociologia da comunicação e das mídias*. São Paulo: Ed. SENAC, 2010.

MAIGRET, E. *Sociologia de la communication et des médias*. Paris: Armand Collin, 2003.

MALDONADO, A. E. *Teorias da Comunicação na América Latina: enfoques, encontros e apropriações da obra de Verón*. São Leopoldo: Ed. Unisinos, 2001.

MALDONADO, A. E. América Latina, berço de transformação comunicacional no mundo. In: MARQUES DE MELO, J.; GOBBI, M. C. (Org.)

Pensamento comunicacional latino-americano: da pesquisa denúncia ao pragmatismo utópico. São Bernardo: UMESP, Cátedra Unesco de Comunicação para o desenvolvimento regional, 2004.

MANIS J. G.; MELTZER, B. N. *Symbolic Interaction: A Reader in Social Psychology*. Boston: Beacon Press, 1968.

MARIN, I. L. Psicanálise e emancipação na Teoria Crítica. In: NOBRE, M. (Org.). *Curso Livre de Teoria Crítica*. Campinas, SP: Papirus, 2008. p. 227-250.

MARTÍN-BARBERO, J. *Dos meios às mediações: comunicação, cultura e hegemonia*. Rio de Janeiro: Ed. UFRJ, 2001.

MATELLART, A. *As multinacionais da cultura*. Rio de Janeiro: Civilização Brasileira, 1976.

MATELLART, A. *La comunicación massiva en el processo de liberación*. Buenos Aires: Siglo XXI Ed., 1973.

MATTELART A. e MATTELART, M. *História das teorias da comunicação*. São Paulo: Loyola, 1999.

MATTELART, A.; NEVEU, E. *Introdução aos Estudos Culturais*. São Paulo: Parábola Editorial, 2004.

MCCOMBS, M. La comunicación de masas en las campañas políticas: información, gratificación y persuasión. In: MORAGAS SPA, M. (Org.). *Sociologia de la comunicación de masas. III. Propaganda política y opinión pública*. Barcelona: Gustavo Gili, 1985.

MCLUHAN, M. *Os meios de comunicação como extensões do homem*. São Paulo: Cultrix, 1974.

MCLUHAN, M. *A galáxia de Gutenberg: a formação do homem tipográfico*. São Paulo: Editora Nacional; Ed. da USP, 1972.

MCLUHAN, M. O meio é a mensagem. In: MORTENSEN, D. *Teoria da Comunicação. Textos Básicos*. São Paulo: Mosaico, 1980.

MIÈGE, B. *O pensamento comunicacional*. Petrópolis: Vozes, 2000.

MINAYO, M. C. S. *O desafio do conhecimento*. São Paulo: Hucitec; Rio de Janeiro: Abrasco, 1999.

MODLESKI, T. *Loving with a Vengeance: Mass-Produced Fantasies for Women*. London: Methuen Publishing, 1984.

MOLES, A. *Sociodinâmica da cultura*. São Paulo: Perspectiva, 1974.

MORAGAS SPA, M. *Teorías de la comunicación*. Barcelona: Gustavo Gili, 1981.

MORIN, E. *Cultura de massas no século XX: o espírito do tempo – 1. Neurose*. 9. ed. Rio de Janeiro: Forense, 1997.

MORIN, E. *Cultura de massas no século XX: o espírito do tempo – 2. Necrose*. Rio de Janeiro: Forense, 1977.

MORLEY, D. *Family Television: Cultural power and Domestic Leisure*. New York: Routledge, 1986.

MORLEY, D. *The Nationwide Audience: Structure and Decoding*. London: BFI, 1980.

OLIVEIRA, M. G. O.; QUINTANEIRO, T. Karl Marx. In: QUINTANEIRO, T.; BARBOSA, M. L. O.; OLIVEIRA, M. G. M. *Um toque de clássicos – Marx, Durkheim, Weber*. 2. ed. rev. ampl. Belo Horizonte: Ed. UFMG, 2002. p. 22-56.

OROZCO GÓMEZ, G. *Recepción y mediaciones: casos de investigación en América Latina*. Bogotá: Norma, 2002.

ORTEGA Y GASSET, J. *L'homme et les gens*. Paris: ENS., Rue d'Ulm, 2008.

ORTIZ, R. *A Escola de Frankfurt e a questão da Cultura*. ANPOCS, 1985. Disponível em: <http://www.anpocs.org.br/portal/publicacoes/rbcs_00_01/rbcs01_05.htm>.

PARK, R. A cidade: sugestões para a investigação do comportamento humano no meio urbano. In: GUILHERME VELHO, Otávio (Org.). *O fenômeno urbano*. Rio de Janeiro: Zahar, 1978. p. 26-67.

PARK, R. A notícia como forma de conhecimento. In: STEINBERG, Charles (Org.). *Meios de Comunicação de Massa*. São Paulo: Cultrix, 1970. p. 168-185.

PASQUALI, A. *Sociologia e Comunicação*. Petrópolis: Vozes, 1973.

PEREIRA, V. A. *Estendendo McLuhan: da Aldeia à Teia Global*. Porto Alegre: Sulina, 2011.

PIAGET, J. *O Estruturalismo*. São Paulo: Difusão Europeia do Livro, 1970.

QUINTANEIRO, T.; BARBOSA, M. L. O.; OLIVEIRA, M. G. M. *Um toque de clássicos – Marx, Durkheim, Weber*. 2. ed. rev. ampl. Belo Horizonte: Ed. UFMG, 2002.

RADWAY, J. *Reading the Romance: Women, Patriarchy and Popular Literature*. Chapel Hill: University of Carolina Press, 1984.

REALE, G. *História da filosofia: do Romantismo até nossos dias*. São Paulo: Paulus, 1991. v. III.

RODRIGUES, A.D. *O paradigma comunicacional. História e teorias*. Lisboa: Fundação Calouste Gulbekian, 2011.

RONSINI, V. V. M. *A crença no mérito e na desigualdade: a recepção da telenovela do horário nobre*. Porto Alegre: Sulina, 2012.

SCHILLER, H. I. *O império norte-americano das comunicações*. Petrópolis: Vozes, 1976.

SCHRAMM, W. *Comunicação de massa e desenvolvimento*. Rio de Janeiro: Bloch Editores, 1970.

SCHRAMM, W. et al. *Panorama da comunicação coletiva*. Rio de Janeiro: Fundo de Cultura, 1964.

SCHULMAN, N. O Centre for Contemporary Cultural Studies da Universidade de Birmingham: uma história intelectual. In: TADEU DA SILVA, T. (Org.). *O que é, afinal, Estudos Culturais?* Belo Horizonte: Autêntica, 1999.

STRINATI, D. *Cultura popular: uma introdução*. São Paulo: Hedra, 1999.

TARDE, G. *A opinião e as massas*. São Paulo: Martins Fontes, 1992.

TOCQUEVILLE, A. *A democracia na América: leis e Costumes*. São Paulo: Martins Fontes, 2005.

TRAQUINA, N. *O estudo do jornalismo no século XX*. São Leopoldo: Ed. Unisinos, 2003.

VALLADARES, L. P. (Org.). *Impacto de uma tradição no Brasil e na França*. Belo Horizonte: Ed. UFMG; Rio de Janeiro: IUPERJ, 2005.

VILLANUEVA, E. R. T. Condiciones y necesidad del pensamiento crítico en la investigación comunicacional latino-americana: 30 años despues del seminário de Costa Rica. In: MARQUES DE MELO, J.; GOBBI, M. C. (Org.). *Pensamento comunicacional latino-americano: da pesquisa denúncia ao pragmatismo utópico*. São Bernardo: UMESP, Cátedra Unesco de Comunicação para o Desenvolvimento Regional, 2004.

WAGNER, S. A. A extensão rural no Brasil: raízes históricas e modelos clássicos de intervenção. In: WAGNER, S. A (Org*.). Métodos de Comunicação e participação nas atividades de extensão rural*. Porto Alegre: Ed. UFRGS, 2011.

WEAVER, W. A teoria matemática da comunicação. In: COHN, G. (Org.). *Comunicação e indústria cultural*. 4. ed. São Paulo: Nacional, 1978. p. 25-37.

WIGGERHAUS, R. *A Escola de Frankfurt: história, desenvolvimento teórico, significação política*. Rio de Janeiro: Difel, 2002.

WILLIAMS, R. *Cultura e sociedade*. São Paulo: Cia. Ed. Nacional, 1969.

WINKIN, Y. *Anthropologie de la communication: de la théorie au terrain*. Paris: De Bœck & Larcier/Seuil, 2001. Coll. Points Essais.

WINKIN, Y. Erving Goffman: retrato do sociólogo enquanto jovem. In: GOFFMAN, Erving. *Os momentos e os seus homens*. Lisboa: Relógio d'água, 1999.

WOLF, M. *Teorias da comunicação*. Lisboa: Presença, 1995.

WOLF, Mauro. *Teorias das Comunicações de Massa*. São Paulo: Martins Fontes, 2003.

WRIGHT MILLS, C. *A elite do poder*. 3. ed. Rio de Janeiro: Zahar, 1975.

WRIGHT, C. R. Análisis funcional y comunicación de masas. In: MORAGAS SPA, M. (Org.). *Sociología de la comunicación de masas. II. Estructura, funciones y efectos*. Barcelona, Gustavo Gili, 1985.

Este livro foi composto com tipografia Minion e impresso
em papel Off Set 75g/m² na Paulinelli Serviços Gráficos.